¿TE RESULTA FAMILIAR ALGO DE LO SIGUIENTE?

- Esperas que tus hijos se porten mal, y ellos superan tus expectativas.
- Le compras algo a tu hijo, y un minuto después ya quiere lo próximo más nuevo y genial.
- Cualquier cosa que dices se convierte en una discusión, y eres tú quien se siente mal.
- Ni siquiera Einstein sería capaz de contar el número de gestos de fastidio que has visto.
- Tu hija sabe exactamente dónde está tu botón de la culpa y cuándo presionarlo.
- Tu hijo te llama para decirte dónde está, y resulta que está en otro lugar.
- Si escuchas "lo que sea" una vez más, enviarás a tu hija por FedEx a Uganda, pero solo de ida.
- Tus hijos no prestan atención hasta que los llamas tres veces por su nombre, cada vez con un poco más de intensidad.
- Ella es el ejemplo perfecto de "todo se trata de mí".
- La mentalidad del grupo de amigos siempre se impone al sentido común y a los valores familiares.
- Él se queja cuando tú no has tenido tiempo de hacerle la tarea.
- Desearías que ella supiera deletrear la palabra *gracias,* y al menos actuar como alguien agradecido de vez en cuando.
- Estás tratando de hacerlo lo mejor posible, pero nunca es suficiente.
- La boca de tu hija está más ocupada que ella misma... y no en el buen sentido.
- Él nunca está equivocado. Y cuando lo está, es culpa de otro.

- Tus hijos ni siquiera se molestan en inventar excusas. Hacen lo que quieren.
- Él te acaba de decir que su autoestima está por los suelos gracias a ti.
- Si sus jeans no cuestan al menos cien dólares, no se los pone.
- Tu mantra parental diario es: "No esperes nada y no quedarás decepcionado".
- Pídeles que saquen la basura, y el mundo tal como lo conoces hoy habrá terminado.
- "Yo quiero", "Pero tú tienes que" y "Mejor que... o si no" son frases frecuentes en tu hogar.
- La última vez que tu hija pensó en ayudar a alguien fue... bueno... nunca.
- Tus hijos son alérgicos a visitar a sus abuelos.
- Pasas más tiempo diciendo: "Si lo vuelves a hacer, voy a...", que abrazando a tus hijos.
- La última comida familiar que tuvieron sin que alguien se quejara, protestara o se fuera de la mesa enojado fue... en la Era del Hielo.
- La palabra *sacrificio* es tan extraña como el concepto de *recoger lo que uno mismo deja tirado.*
- Solo un miembro de la familia respeta tu autoridad: el perro.

En todos los lugares, los padres enfrentan los mismos problemas. Todos queremos educar hijos con carácter en lugar de hijos que sean un personaje, pero a menudo no llegamos a conseguir lo que esperamos. Sin embargo, hay una manera de criar hijos exitosos en el mundo actual donde todos se sienten con derechos. Hablamos de un hijo o una hija que con sabiduría y confianza trace su propio camino único hacia su vida adulta. Pero el secreto de ese éxito comienza contigo, papá o mamá. Nadie más lo hará.

¿Quieres hijos que sean pacientes, amables, humildes, agradecidos, respetuosos contigo, consigo mismos y con los demás? ¿Hijos que tengan una buena ética de trabajo, que no se den por vencidos hasta que terminen la tarea aunque otros digan que es imposible? ¿Que tengan éxito en todas las áreas de la vida (personal, profesional y en sus relaciones) hasta el máximo de sus capacidades?

No puedes obligar a tus hijos a estar agradecidos por todo lo que haces, pero puedes criar hijos exitosos con una autoimagen saludable y buenas dosis de responsabilidad y de rendir cuentas de sus actos; hijos que se convertirán en adultos de los que puedas estar orgulloso y que se mantendrán firmes en los mares tormentosos de la vida, actuando incluso como capitanes de barco para otros.

También hay un beneficio adicional. Más adelante en el camino, esos niños querrán regresar a casa contigo, quizá con una pareja o alguno que otro querubín. Después... ¡oh, las historias tan divertidas que puedes contar a tus nietos en torno a esa mesa familiar!

Créeme, yo lo sé. Tengo cinco hijos y cuatro nietos que entran y salen de la casa que tengo con mi amada Sande en Arizona, y ello llena el ambiente de alegría. No es necesario que sea un día feriado, el cumpleaños de alguien o una ocasión especial para que regresen a casa. Llegan porque pueden y quieren hacerlo.

Por tanto, sigue pasando las páginas de este libro. Es posible criar hijos exitosos en la generación de "lo que sea".

Te lo garantizo.

8 PRINCIPIOS PARA CRIAR HIJOS EXITOSOS

SIEMBRA CARÁCTER, RESPETO Y UNA ACTITUD GANADORA

DR. KEVIN LEMAN

A menos que se indique lo contrario, las citas de la Escritura son tomadas de la Santa Biblia Nueva Versión Internacional® NVI® © 1999, 2015, 2022 por Biblica, Inc.® Usado con permiso de Biblica, Inc.® Reservados todos los derechos en todo el mundo. Las citas de la Escritura marcadas (NTV) son tomadas de la *Santa Biblia Nueva Traducción Viviente*, © Tyndale House Foundation, 2010. Usadas con permiso de Todos los derechos reservados. Las citas de la Escritura marcadas (RVR-60) son tomadas de la Santa Biblia versión Reina-Valera 1960® © Sociedades Bíblicas en América Latina, 1960. Renovado © Sociedades Bíblicas Unidas, 1988. Utilizado con permiso. Reina-Valera 1960® es una marca registrada de Sociedades Bíblicas Unidas, y se puede usar solamente bajo licencia.

8 PRINCIPIOS PARA CRIAR HIJOS EXITOSOS
Siembra carácter, respeto y una actitud ganadora

Originally published in English under the title
8 Secrets to Raising Successful Kids: Nurturing Character, Respect, and a Winning Attitude
by Revell, a division of Baker Publishing Group
Grand Rapids, Michigan

Traducción al español por
Belmonte Traductores
www.belmontetraductores.com

Edición: Henry Tejada Portales

ISBN: 979-8-88769-360-6
eBook ISBN: 979-8-88769-361-3
Impreso en los Estados Unidos de América

Whitaker House
1030 Hunt Valley Circle
New Kensington, PA 15068
www.espanolwh.com

1 2 3 4 5 6 7 8 9 10 11 WJ 31 30 29 28 27 26 25

A mis cinco hijos adultos:
Holly, Krissy, Kevin II, Hannah y Lauren.

Sus vidas exitosas y su amor por la familia demuestran
que estas técnicas parentales no solo funcionan,
sino que lo hacen extraordinariamente bien.

ÍNDICE

Introducción: Criar un hijo con carácter, no un personaje 11

Ocho estrategias comprobadas para tener éxito.

ESTRATEGIA 1 **COMIENZA CON EL FIN EN MENTE** **19**

Para llegar a tu propósito, primero tienes que conocer tu meta.

ESTRATEGIA 2 **ESPERA LO MEJOR, CONSIGUE LO MEJOR** **34**

Cómo formar carácter y una conducta afinada en tus pequeños (y grandes) personajes.

ESTRATEGIA 3 **DA Y RECIBIRÁS** **72**

Cómo el respeto y una actitud ganadora liberan poderosamente la motivación de tu hijo.

ESTRATEGIA 4 **MODELA UNA VIDA DISCIPLINADA** **111**

Porque tú, y solo tú, eres el héroe o la heroína que tu hijo anhela.

ESTRATEGIA 5 **DISCIPLINA, NO CASTIGUES** **135**

Por qué la disciplina basada en la realidad es excelente, el castigo arruina, y la regla de las tres C siempre funciona.

ESTRATEGIA 6 **NO TE DES POR VENCIDO** **169**

Seis principios "imperativos" por los que unos padres cuerdos deben vivir.

ESTRATEGIA 7 **MINIMIZA LA FRICCIÓN, OPTIMIZA LAS SOLUCIONES** **187**

Cómo puedes conseguir que tus hijos te escuchen siempre.

ESTRATEGIA 8 **QUE LA RELACIÓN SEA LO PRIMERO, SIEMPRE** **223**

No les importa lo que sabes hasta que saben que te importan.

Conclusión: Dejar un legado que transcienda 242

Por qué tu legado de éxito sigue dando frutos.

Sección adicional: Especialmente para padres de familias mezcladas 245

Tres grandes errores a evitar para tener una mezcla armoniosa y no un caos.

Las 8 principales estrategias ganadoras de los padres 252

Notas 253

Acerca del Dr. Kevin Leman 255

INTRODUCCIÓN

Criar un hijo con carácter, no un personaje

Ocho estrategias comprobadas para tener éxito.

Imagina esta escena.

Llegas a la casa agotada después de terminar un proyecto de trabajo enorme. Tu hijo de once años y tu hija de catorce están en la cocina.

"Déjame que te ayude, mamá. Eso parece muy pesado". Tu hijo se apresura a ir contigo para que le entregues esa bolsa de compras, la coloca en la mesa y comienza a organizar la comida en el refrigerador y la despensa.

"Sabía que esta noche estarías agotada, así que estoy preparando espagueti. Es lo menos que puedo hacer después de que fuiste a hacer la compra para todos después de un largo día", dice tu hija. Se aleja del horno, con una mancha de tomate en la mejilla, y te da un abrazo.

"Ah, hermana, tienes una herida en la mejilla", bromea tu hijo mientras le limpia a su hermana la mancha de tomate con una servilleta de papel.

Ella se ríe. "Gracias".

"Ah, y acuérdense que mañana es el cumpleaños de la abuela", dice tu hijo.

"Le hemos comprado un ramo de flores. Rosas, que son sus favoritas", añade tu hija.

"Descansa un poco, mamá. Nosotros nos encargamos". Tu hijo sonríe. "Yo limpiaré este lío", dice al dirigir la mirada hacia su hermana.

Tu hija te acompaña desde la cocina hasta el pasillo. "Te llamaré cuando la cena esté lista".

Sé qué es lo primero que harían muchos de ustedes. Saldrían de la casa perplejos, mirando fijamente al número que hay sobre la puerta principal y preguntándose: *¿Estoy realmente en mi casa?*

¿Dónde están esos hijos? Hijos que respetan a sus padres, que ayudan, que se llevan bien con sus hermanos e incluso piensan en su abuela.

Estas escenas de bienvenida a la casa y los hijos como protagonistas no tienen por qué existir solamente en tus sueños. Lo sé porque mis cinco hijos adultos eran así, y lo siguen siendo cada vez que regresan a la casa. Tú también puedes tener hijos así en tu hogar usando las técnicas probadas por el tiempo que este libro presenta. Ya han ayudado a cientos de miles de familias. Pueden transformar tu hogar y también tu familia.

UN HIJO CON CARÁCTER ¡EN CAMINO!

En estos tiempos es difícil criar a un hijo con carácter que no sea un personaje. Lo sé, porque *yo* era un personaje que volvía loca a mi santa mamá. Ella tenía otros dos hijos que eran estrellas: mi hermana mayor con una calificación promedio de sobresaliente en los estudios, y mi hermano mayor, atlético y deportista, capitán de su equipo. ¿Yo? Yo era el payaso problemático que siempre andaba tramando algo. Por eso mi mamá, la señora Leman, pasó muchas más horas que yo en la oficina del director de la escuela (que ya es mucho decir) e incluso más de rodillas cada mañana orando por mí.

Como el hijo en el escenario que recién leíste, yo también lavaba los platos. La única diferencia es que yo no me *ofrecía* para hacerlo. Cuando me tocaba la tarea de lavar los platos, lo hacía con un toque muy particular.

¿Una olla con comida incrustada muy difícil de limpiar? Le ponía jabón, la llenaba de agua caliente, y después... la escondía en el horno. Sabía que enseguida llegarían mi mamá o mi hermana y necesitarían esa olla. Encontraban el escondite, ponían un gesto de desesperación por ver otra de mis travesuras, y al final ellas mismas la limpiaban.

No creo que les pasara por la cabeza hacerme rendir cuentas por mis acciones o, en este caso, por no terminar el trabajo. Si sucedía, sabían que gastarían más energías en perseguirme y obligarme a limpiarla que decidirse a hacerlo ellas mismas, así que daban un suspiro y limpiaban la olla; y la vida para mí seguía como siempre.

Mientras tanto, yo salía a pescar en el riachuelo de mi ciudad, peleándome con mi amigo Moonhead, o escondiéndome en un rincón de la cocina, riéndome mientras ellas buscaban la olla.

Sin embargo, a pesar de mis travesuras, mi mamá nunca se dio por vencida conmigo. Hacía todo lo que podía por ayudar a este personaje a convertirse en alguien que pudiera aportar algo al mundo. Estoy agradecido de que ella viviera lo suficiente como para verlo ocurrir. Mi hermana "perfecta", Sally, a quien yo molestaba continuamente cuando éramos niños, actualmente me sigue queriendo lo suficiente como para visitarme y traer su deliciosa tarta de frambuesa, la cual ha convertido con los años en una obra de arte.

Sin embargo, no tienes que esperar décadas para criar un hijo que...

- diga "por favor" y "gracias" sin que se lo pidan;
- coloque los platos sin que se lo pidan;

- tenga su cuarto y la casa ordenada;
- haga las tareas a tiempo, sin recordatorios;
- mantenga contigo una conversación mutuamente satisfactoria;
- se acerque para ayudar sin quejarse o protestar;
- sea amable, concienzudo, sincero y sepa escuchar;
- ayude a los menos favorecidos o a quienes los bravucones acosan;
- sea conocido por su integridad y cumpla sus promesas;
- se motive él mismo para dar lo mejor de sí, y sea capaz de aceptar los errores y aprender de ellos;
- sea un modelo a seguir para sus amigos en lugar de dejarse llevar por los tornados de la adolescencia;
- aprecie lo bueno de vivir en casa y te lo diga;
- de verdad *le gusten* sus hermanos y los defienda;
- se mantenga firme ante cualquier viento contrario, porque sabe que puede con ello;
- piense en su futuro y lo planifique activamente;
- te trate con respeto, aunque no siempre esté de acuerdo con tus acciones.

En el mundo de hoy caracterizado por "lo que sea", ¿cómo puedes criar un hijo que encaje en las descripciones anteriores? Que tenga una autoimagen saludable y un fuerte sentido de la responsabilidad. Que balancee bien el tomar y el dar. Que esté automotivado para alcanzar su mejor potencial. Que sea respetuoso, decidido y conocido por su buen carácter. Que lidie positivamente con las circunstancias difíciles. Que tenga una actitud ganadora con respecto a los pasos siguientes, incluso cuando la vida sea incierta o le agarre por sorpresa. Que sepa en qué es bueno y lo persiga de todo corazón... y que dentro de una década o dos quiera hablar a sus hermanos y padres por teléfono y vaya felizmente a la casa en la cena de Navidad y los cumpleaños familiares.

Todos los padres sueñan con ser los mejores y tener los mejores hijos.

Entonces se cuela la realidad.

Si no puedes identificarte con ninguna de estas dos declaraciones, es porque todavía llevas una de esas coronas brillantes de mamá o papá primerizo. Llévala con orgullo ahora en los primeros días de la llegada de tu hijo a la casa. Pronto ese bebé comenzará a llorar por los cólicos o porque le roza el pañal. Tras largos episodios de esos a las dos de la mañana, créeme que esa corona comenzará a opacarse un poco, y te unirás al resto de los padres del planeta. Si eres un padre adoptivo o padrastro de un niño algo mayor, el brillo inicial terminará en el instante en que ese niño diga: "No puedes obligarme. No eres mi verdadero papá [mamá]".

Hazte un favor a ti mismo. Acepta desde este momento que no existe el padre o el hijo perfecto. Ese es un concepto de autoderrota que hay que eliminar. Tu hijo y tú fueron creados de manera única y maravillosa, pero son imperfectos.

Sin embargo, también hay buenas noticias. Sin algunas de esas imperfecciones, la vida no sería tan interesante, ¿no es cierto? Pero... ¿a qué me refiero? A que el helado de vainilla es bueno, y yo nunca lo rechazaría, especialmente si viene con un pedazo caliente de pastel de manzana casero. Pero el helado *Rocky road* (una variante muy popular del helado de chocolate en Estados Unidos), cubierto con caramelo caliente, salsa de chocolate caliente y coronado con una cereza, es todavía mejor.

COLÓCATE EN EL ASIENTO DEL CONDUCTOR

Algunos de ustedes están comenzando el viaje como padres primerizos. Tienen la oportunidad de empezar con buen pie la tarea de criar un hijo exitoso, ¡así que bien por ustedes! Muchos padres primerizos leen una gran cantidad de artículos y libros sobre la crianza de los hijos, y entonces aplican lo que yo llamo el enfoque "lanzamiento de gelatina". Lo leen todo, extraen todos los distintos sabores, y luego lo ponen todo en un gigantesco recipiente de experimentación. Después, por diversión, lanzan ese recipiente con la mezcla sabores de gelatina contra la pared de la crianza, para ver si algo de esa mezcla se queda pegada.

Sin embargo, no tienes que adoptar un enfoque tan improvisado. Este libro revela ocho estrategias sensatas y eficaces para criar a tu hijo y que se convierta en un adulto exitoso, mientras fortalecen positivamente su relación durante el camino.

Estas técnicas fundamentales funcionan *siempre* para desarrollar positivamente tu relación a lo largo de todas las edades y etapas. Sin ninguna duda, encontrarás baches en el camino, desvíos y unos cuantos momentos en los que te saldrás fuera de la carretera donde quizá saltes y aterrices entre algunas plantas llenas de espinas, pero tú y tus hijos pueden emerger con unas buenas habilidades de comunicación, respeto mutuo y una camaradería de por vida.

ESTAS TÉCNICAS FUNDAMENTALES FUNCIONAN *SIEMPRE* PARA DESARROLLAR POSITIVAMENTE TU RELACIÓN A LO LARGO DE TODAS LAS EDADES Y ETAPAS.

Algunos de ustedes tienen un aluvión de niños pequeños. Sé al instante quiénes son por las ojeras que tienen debido a tantas noches en vela y las constantes demandas de "mírame" de sus agudas vocecitas. Esas preciosas criaturas, de menos de un metro de altura, enseguida se convertirán en adolescentes. Añadirán cuarenta kilos más de peso y unos centímetros más de altura, pero tendrán las mismas conductas que tienen ahora. ¿Quisieras que esas criaturas a mayor escala gobernaran tu casa y tomaran las decisiones? ¿O te gustaría más ver algunos cambios en el camino para su éxito en el largo plazo y para tu cordura? Ahora es un gran momento para emplear las estrategias que presenta este libro. Te alegrarás de haberlo hecho.

Otros de ustedes están ya en la etapa de la adolescencia con sus hijos. En ocasiones puede ser una montaña rusa estresante, pero piensa en las ventajas: el drama diario es mejor que cualquier cosa en Netflix, y es gratis. Al pensar en la presión de los iguales, la secundaria y la universidad o carrera profesional, los principios de este libro se vuelven aún más importantes. En esta etapa hay un extra: las habilidades de lógica de tus hijos han mejorado, por ilógicos que a veces puedan parecer. Esto te beneficia en estas estrategias, pero debido a que tanto ellos como tú han desarrollado hábitos durante años que pueden ser difíciles de romper, quizá tengas que ser un poco más persistente a la hora de llevar a cabo tu misión de cambio.

Algunos de ustedes han hecho el mejor trabajo que han podido como padres, pero aun así no han podido ganar el premio al "Padre del año". La vida parece estar en tu contra. Tu hijo no es del todo como esperabas. Bueno, hoy es un día para sonreír. Puedes escoger un nuevo camino. Todo comienza contigo, tú eres el insustituible modelo a seguir que tu hijo necesita, anhela y ya está observando. Este libro te mostrará cómo transformar tu relación padre-hijo.

Todos los padres somos lanzados al campo de entrenamiento sobre la marcha. Nadie puede estar preparado del todo. Si alguien me hubiera tomado aparte diez meses antes de que Sande y yo tuviéramos a nuestra primera bebé, Holly, y me hubiera dicho: "Oye, amigo, ¿sabes algo sobre esos cinco hijos que estás pensando tener? Bueno, te gastarás más de 620 000 dólares en su educación", me habría desmayado del susto. Yo ganaba 10 000 dólares al año cuando nació Holly.

Sande y yo apenas teníamos dinero para vivir los dos. No teníamos ni idea, en verdad, de dónde nos estábamos metiendo.

Durante generaciones, los padres hemos meneado nuestra cabeza preguntándonos: *¿Cómo vamos a criar a esta hija o este hijo, y mucho menos convertirlo en un miembro productivo de la sociedad en el futuro?* Pero también tenemos un privilegio asombroso: mostrar a la siguiente generación — que luego influirá en la generación siguiente, y así sucesivamente — cómo se ve el verdadero éxito.

Los principios presentados en este libro no tienen la intención de ser un truco de abracadabra, del tipo "hazlo una vez y listo". Más bien, son fundamentos básicos que cambiarán tu modo de pensar y responder, de modo que tu hijo también piense y responda de manera diferente. No importa la edad que tenga tu hijo o tu hija, ya que tus esfuerzos producirán una relación en la que ambos ganan, y que no se detendrá cuando cumpla los dieciocho y salga por la puerta de tu casa para ir donde le lleve el viento.

Sin embargo, el viaje comienza contigo. Cambia aunque sea unas pocas cosas en tu modo de interactuar con tus hijos, y te sorprenderás de la transformación que se producirá en ambos. No solo tu hijo comenzará a comportarse de otra forma, sino que le encantará la nueva manera de hacer las cosas en la casa... aunque no te lo diga hasta que regrese a la casa de la universidad con calcetines que llevan meses sin lavar.

ESTRATEGIA 1

COMIENZA CON EL FIN EN MENTE

Para llegar a tu propósito, primero tienes que conocer tu meta.

"¿Qué quieres ser cuando crezcas?".

Piensa hace unos años atrás. ¿No es esa la pregunta que te hacían todos los adultos cuando eras un niño? ¿Y no te molestaba cuando eras adolescente y deseabas que se ocuparan de sus propios asuntos?

Cuando yo era joven, quería ser bombero. Me moría por conducir uno de esos camiones rojos relucientes, echar agua con esas mangueras tan grandes desde lo alto, y hacer sonar la sirena saltándome semáforos en rojo.

Después, quise ser dentista para persuadir a la gente de abrir la boca y decir "Aaaa", y tener ese instrumental brillante tan atractivo, como taladros, para arreglar los dientes cuando comen demasiados caramelos. Si *hubiera* llegado a serlo, pobres pacientes. Quizá habría extraído por error un canino en lugar de una muela porque no soy muy preciso con los detalles ni muy amante de estudiar biología.

Muchos soñamos y hablamos acerca de *qué* serán nuestros hijos: médico, abogado, ingeniera, maestro, científica, el heredero que tomará las riendas del negocio familiar, o el primero en la familia en estudiar en la universidad. Si te preguntara en este momento qué tipo de trabajo piensas que podría desempeñar tu hijo en el futuro, apuesto que me darías algunas opciones.

De lo que no hablamos tanto es de *en quién* se convertirán nuestros hijos. Sin embargo, quiénes son ahora nuestros hijos y quiénes queremos que sean en el futuro es el tema de fondo que abarca el 99 por ciento de las preguntas que cientos de miles de papás y mamás de todo Estados Unidos y Canadá me hacen. Preguntas como estas:

- Mi hija habla sin pensar todo el tiempo. ¿Cómo puedo conseguir que sea más respetuosa?
- Mi hijo de quince años solo parece interesarse por sí mismo. ¿Cómo puedo enseñarle que los demás también son importantes, como su hermana y la anciana vecina que necesita ayuda con la compra o con el correo?
- Mi hija de cuatro años hace muchas pataletas. ¿Cómo puedo conseguir que deje de hacerlas? En la casa es molesta, pero en la tienda es realmente vergonzoso. Vivimos en una ciudad pequeña, y ahora odio ir al supermercado.
- Mi hijo de once años es muy perezoso. Nunca termina nada, y mucho menos a tiempo. Llega tarde a la escuela la mitad de los días, y después me grita como si fuera culpa mía. ¿Cómo puedo romper el patrón?
- Nuestros cuatro hijos se pelean por lo más insignificante. ¿Cómo puedo conseguir que dejen de hacerlo? ¿No se supone que los hermanos deben amarse y cuidar unos de otros?
- La palabra favorita de mi hijo de seis años es "no". Pídele que haga cualquier cosa, y esa será su respuesta, como si estuviera programado. ¿Cómo puedo cambiar su conducta? Se está haciendo mayor muy rápido.

- Cuando le pregunté a mi hijo cómo se veía en el futuro, me dijo "vivo", y regresó a su computadora a navegar por las redes. ¿Cómo puedo hablar de algo con un niño así?
- A la hora de darle a un hijo, ¿cuánto es demasiado? Mi esposo y yo crecimos siendo pobres, trabajamos mucho, y ahora tenemos una vida más cómoda. Pero parece que nada de lo que le damos a nuestro hijo es suficiente. Siempre quiere más, y nos hace sentir que estamos fallando como padres si no se lo damos. ¿Cuánto es suficiente o demasiado?
- Crecí en una familia que tenía la mentalidad de "todos para uno y uno para todos", pero el mantra de mis hijos es más "todos para mí y yo para mí mismo". ¿Cómo puedo cambiar eso y conseguir algo de ayuda aquí? ¿Como lograr aunque sea que se limpie la cocina?
- Mi hija odia las matemáticas. Siempre que intento ayudarla, llora o se enoja. Dice que es demasiado difícil y que no se le dan bien. ¿Cómo puedo ayudarle a superar esto?
- Mi hijo de tres años nunca quiere comer nada a la hora de comer. Si le ponemos comida en su bandeja, nos mira fijamente mientras la empuja hasta tirar el plato al piso. La alfombra está muy sucia de manchas de comida. Finalmente, nos rendimos y le dejamos jugar para —al menos— poder comer en paz. ¿Cómo podemos poner fin a esta conducta?
- Estamos preocupados por nuestro hijo que está en la secundaria. Cambia su conducta de un día para otro, dependiendo de la última moda o de lo que sus amigos dicen o hacen. ¿Cómo podemos hacer que vuelva a ser el niño que solía ser y a quien le gustaba estar con nosotros?
- Mi hija de ocho años molesta a otros niños. Esta es la tercera vez que he tenido que salir del trabajo por una llamada de su maestra. Aunque la castigo durante una semana todas las

veces, ella encoge los hombros y pregunta si vamos a comprar su comida favorita de camino a casa. ¿Por qué no cambia?

- Estoy cansado de los portazos en nuestra casa. A veces es intencional, cuando mis hijos se enojan por algo. Otras veces simplemente es por no prestar atención a lo que hacen al entrar o salir de la casa. Aun así, el sonido del golpe es el mismo. ¿Cómo puedo poner fin a esta actividad que da dolor de cabeza? Me está volviendo loca.
- Mi hija está especializada en socializar, y todo lo demás es secundario. Sus calificaciones reflejan eso muy bien. Pero si no mejoran sus calificaciones, no podrá entrar en la universidad. ¿Cómo puedo hacer que se tome la vida más en serio?
- Mi tercer hijo se retira cada vez que alguien le reta incluso en las cosas más pequeñas. ¿Cómo puedo enseñarle a defenderse por sí solo? Lo necesitará para sobrevivir entre sus hermanos, y ya no digamos en este mundo competitivo.
- Mi hija mayor es una estudiante sobresaliente. Luego está su hermana, que solo saca sobresaliente en gimnasia. Sus demás calificaciones son insuficientes. ¿Cómo puedo motivarla a ser más como su hermana mayor?

Estas son solo algunas de las preocupaciones más comunes de papás y mamás con respecto a criar hijos exitosos en un mundo en el que parece que todos se sienten con derecho a todo. Trataremos todas las situaciones anteriores, y más.

Sin embargo, ahora te haré a *ti* una pregunta: ¿quién quieres que sea tu hijo cuando crezca?

IMAGINAR QUIÉN, NO QUÉ

Es imposible criar hijos exitosos si no sabes cuál es tu objetivo final; por lo tanto, quiero que imagines que han pasado cinco, diez, quince o veinte años. Ahora tus hijos son adultos que se han independizado, quizá con una pareja, un hijo o ambas cosas. Cuando tus hijos entren por la puerta de tu casa para cenar contigo, ¿cómo quieres que sea esa reunión? Cuando hables con ellos o te escribas, ¿cómo te gustaría que fueran esas conversaciones? ¿Cómo esperas que sean sus interacciones con su familia, sus amigos, su cónyuge o sus hijos?

Por ahora, pasa por alto cualquier sueño que tengas para el *qué*: qué tipo de trabajo tendrán, la cantidad de dinero y el estatus que tendrán, el automóvil que conducirán, el lugar donde vivirán o dónde irán de vacaciones. Todo eso son fachadas, capas externas brillantes que otros ven y que quizá definan sus posiciones dentro de sociedades concretas, pero que no dicen mucho sobre quiénes son tus hijos por dentro.

En lugar de eso, piensa en *quiénes* te gustaría que se convirtieran tus hijos: su carácter, su conducta, sus actitudes y valores.

¿Son personas:

- honestas, directas y claras en todas las cosas, incluyendo a la hora de pagar impuestos (por mucho que todos lo odiemos)?
- buenas con los demás, considerándolos iguales, ya sea que esas personas se graduaron de Harvard o trabajan en el lavadero de autos local?
- pacientes con personas difíciles y eventos que no salen como estaba planeado?
- que se sienten cómodas preguntándote tu opinión, pero abiertos a todas las opciones y que toman sus propias decisiones?
- respetuosas, leales, fieles a sus socios?
- diligentes en cuanto a emplear su mayor esfuerzo en cualquier cosa que hagan?

- positivas y equilibradas, en lugar de dejar que les gobiernen la ira y el resentimiento por cosas del pasado o del presente que no pueden controlar?
- seguras de lo que creen y que actúan en consonancia con esas creencias?
- sensibles hacia los demás e integradores con quienes tienen distintas creencias, trasfondos y valores, aunque no entiendan sus acciones ni estén de acuerdo con las mismas?
- conscientes de ahorrar para el día malo en lugar de gastarse todo lo que ganan?
- capaces de seguir adelante tras una circunstancia adversa, aunque eso signifique sentarse en el barro mientras se recomponen para volver a levantarse nuevamente?
- deseosas de hacer contribuciones únicas y beneficiosas donde puedan?

¿Son personas que:

- combinan un espíritu divertido con la responsabilidad?
- se niegan a rendirse, incluso cuando las circunstancias son duras?
- ponen el hombro para ayudar a un vecino con un proyecto, aunque no sea su fuerte?
- saben escuchar y jugar con sus propios hijos, priorizando estar en sus actividades antes que hacer horas extra en el trabajo?
- equilibran planear para el futuro y vivir al máximo en el presente?
- dan generosamente de su tiempo y sus recursos a los menos afortunados?
- se recuperan tras un revés, diciendo que han aprendido algo y que intentarán hacer las cosas de otro modo la próxima vez?

- tratan a otros y a sí mismos con respeto?
- tienen empatía con quienes están lidiando con algo y ofrecen ayuda de forma apropiada?
- se aferran firmemente a sus valores, a pesar de lo que otros les digan que deberían hacer o no hacer?
- aceptan la responsabilidad de sus acciones, incluso cuando las consecuencias podrían ser dolorosas, en lugar de culpar a otros?
- tienen una autoestima saludable, y no permiten que nadie los arrolle y se aproveche de ellos?
- sopesan todas las decisiones cuidadosamente antes de actuar?
- toman el camino difícil en lugar de optar por la salida más fácil en una situación difícil?
- saben decir "me equivoqué, lo siento"?

Toma unos minutos para meditar en quiénes quieres que sean tus hijos en el futuro. Anota tus pensamientos en cuanto a su carácter, conducta, actitud y valores. Esperaré aquí hasta que termines...

¿Tienes al menos una primera lista? Siempre puedes añadir a ella después. De hecho, te animo a hacerlo. Guárdala en un lugar privado, que esté a la mano, donde tú y tu cónyuge (si tienes) puedan añadir notas, pero no la pongas donde los niños puedan verla, como la puerta del refrigerador. Mantener esa lista en secreto te dará una ventaja de sorpresa y más capacidad de maniobra. ¿Por qué?

Decirles o *recordarles* a los niños las cualidades que quieres que tengan, es muy diferente a modelar esas cualidades o usar las consecuencias naturales para que ellos aprendan por sí mismos. A ti no te gusta que te digan constantemente cómo deberías ser, ¿verdad? O que no cumples con las expectativas de los demás. A tus hijos tampoco les gusta. Así que, por ahora, mantengamos esa lista entre nosotros.

Tal vez, entre tu lista están estas siete cualidades comunes que muchos papás y mamás en mis seminarios han escrito como características del éxito:

- autocontrol
- tenacidad
- autoestima
- honestidad
- paciencia
- balance en la vida
- bondad

En este libro revelaré cómo puedes fomentar proactivamente esas cualidades en tus hijos, sin sermonear ni ser insistente.

Para aquellos de ustedes que son personas de fe, puede que hayan añadido otros rasgos de carácter del famoso pasaje sobre el amor:

> *El amor es paciente, es bondadoso. El amor no es envidioso ni presumido ni orgulloso. No se comporta con rudeza, no es egoísta, no se enoja fácilmente, no guarda rencor. El amor no se deleita en la maldad, sino que se regocija con la verdad. Todo lo disculpa, todo lo cree, todo lo espera, todo lo soporta. El amor jamás se extingue.*[1]

HACER REALIDAD TUS CUALIDADES SOÑADAS

Algunos de ustedes probablemente hayan escrito una larga lista de características generales que quieren que tengan sus hijos. Eres el planificador detallado, el hijo mayor o el único hijo de la familia en la que creciste. Hacer listas y revisarlas dos veces es parte de tu ADN, así que este ejercicio te vigoriza.

Si eres hijo mediano y tienes más de un hijo, quizá hayas dividido tu lista para asegurarte que cada hijo tenga un número igual de cualidades de carácter. Sabes lo que es que te agrupen con tus hermanos y hermanas y, a veces, sentirte invisible. Tiene sentido que quieras considerar a cada niño cuidadosamente como un individuo.

Si eres el bebé de la familia, este ejercicio probablemente te ha resultado difícil. Te has levantado dos veces por café o un aperitivo, has interactuado al menos con otra persona y después te has vuelto a sentar con un suspiro para anotar algunas cosas más. ¿Cómo lo sé? Porque yo soy el pequeño en mi familia, y eso es exactamente lo que haría si alguien me pidiera hacer este tipo de ejercicio. Sin embargo, permanece en la tarea. Te prometo que valdrá la pena.

Como dijo mi difunto amigo Stephen R. Covey en *Los 7 hábitos de la gente altamente efectiva*, si quieres conseguir algo, tienes que "comenzar con el fin en mente".[2] Por eso, este ejercicio de identificar las cualidades soñadas que quieres que tengan tus hijos es un fundamento clave. Simplemente escribir *quién* quieres que llegue a ser tu hijo es un gran paso hacia poder convertir esas cualidades en realidad.

Piénsalo de este modo. Si no tienes un destino cuando conduces, probablemente tomarás muchos desvíos. Intentar criar hijos exitosos sin identificar tu objetivo final es algo parecido.

Una mamá de cinco hijos, con edades entre los dos y los quince años, me dijo recientemente: "Realmente necesito que las cosas cambien en mi casa". Durante varios minutos me explicó todas las cosas que hacían sus hijos que le volvían loca, que ella tenía una carga pesada en el trabajo y que su esposo no le ayudaba mucho.

SI NO TIENES UN DESTINO CUANDO CONDUCES, PROBABLEMENTE TOMARÁS MUCHOS DESVÍOS. INTENTAR CRIAR HIJOS EXITOSOS SIN IDENTIFICAR TU OBJETIVO FINAL ES ALGO PARECIDO.

Finalmente, levanté la mano suavemente. "¿Puedo preguntarte *cómo* te gustaría que cambiaran las cosas?".

Sus hombros cayeron. "No tengo ni idea. ¡Solo necesito que cambien!".

Algunos de ustedes pueden sentirse como esa mamá cansada en este momento. Realmente quieren un cambio, pero el proceso de llevarlo a cabo parece abrumador. Para ser sincero, no están muy seguros de lo que es tener éxito en la crianza, ya que no tuvieron un buen modelo a seguir cuando crecían. Han aprendido sus técnicas a base de prueba y error. Por eso, vamos a conseguir ese cambio que desean paso por paso, y les daré muchos ejemplos prácticos y soluciones de la vida real que seguir.

A ustedes que crecieron con un papá o una mamá que podía ver sus carencias a cincuenta metros de distancia, probablemente no les costará tener en mente ese objetivo final. Sabes demasiado bien cómo establecer un objetivo. Pero la flexibilidad durante el camino cuando las circunstancias son contrarias es más difícil. Después de todo, eres humano, y tu hijo es humano, y a veces uno o ambos no cooperarán con el plan. Sí, tal vez tendrás algunos momentos incómodos durante el camino, pero te aseguro que el objetivo final de criar hijos exitosos vale la pena cada paso del camino.

Para los que quieren ser el mejor amigo de su hijo, quizá duden mucho en sus decisiones de agradarle. Apuntar a producir un adulto exitoso significa mantenerse firme en tomar decisiones que se adhieran a sus objetivos. Ese niño que tal vez se enoje temporalmente contigo ahora, te dará las gracias con el tiempo, especialmente cuando tenga un hijo que sea exactamente como él y le hayas dado un mapa de ruta que seguir.

Para los que les gusta recorrer los caminos de la vida sin un mapa ni ningún plan porque es mucho más divertido, sus hijos se merecen una crianza *intencional*. Necesitan que tomes decisiones conscientes basadas en valores, creencias y objetivos. Los niños se desarrollan mejor con una rutina y sabiendo lo que se espera de ellos. Esas cosas, y tu amor, son parte de la red de seguridad de tu hogar en un mundo tumultuoso.

LOS NIÑOS SE DESARROLLAN MEJOR CON UNA RUTINA Y SABIENDO LO QUE SE ESPERA DE ELLOS.

Al margen de dónde te encuentres en tu viaje de la crianza, tienes que saber dónde te diriges para poder llegar hasta allí. Solo con haber escrito tu lista de cualidades soñadas, ya has conseguido lo siguiente:

- identificar tus objetivos concretos para criar a tus hijos para que sean adultos balanceados y exitosos;
- establecer un estándar con el cual medir las decisiones. Por ejemplo, si haces X, ¿esa acción te acerca más o te aleja de los objetivos prestablecidos?;
- te has dado a ti mismo razones concretas para llevar a cabo acciones específicas que quizá sean incómodas en un principio, pero que a la larga avanzan tu objetivo final;
- has adquirido conciencia de los beneficios en el largo plazo de la crianza intencional.

Mira todo lo que has logrado ya, y estás solo en el primer capítulo. Continúa, y date una palmadita en el hombro.

DENTRO DE CADA *QUÉ* HAY UN POCO DE *QUIÉN*

Cuando ahora pienso en lo que yo quería ser de niño (bombero y dentista), no puedo evitar reírme. Claramente, mis habilidades actuales no eran para ninguno de esos ámbitos profesionales, pero ambos tenían destellos de quién era yo antes, y quién sigo siendo hoy.

Quería ser el héroe que salvaba la situación, conseguía la atención de la gente, y también daba consuelo a los que tenían dolor. Esos tres hilos tienen mucho que ver con lo que he llegado a ser: psicólogo que une familias que luchan con varios problemas; personaje público que capta la atención en televisión, radio, *podcasts* y redes sociales para dar ingenio y sabiduría que pueden cambiar las relaciones; y alguien que se preocupa mucho de ayudar a los que luchan consigo mismos, con la crianza y con problemas familiares aportando respuestas reales y sensatas que funcionan todos los días.

Mi santa mamá no tenía ni idea de lo que yo llegaría a ser, pero aun así nunca dejó de creer que quien yo era en mi interior era bueno y único, y que finalmente terminaría haciendo y siendo algo bueno... incluso cuando toda la evidencia indicaba lo contrario.

Mis calificaciones académicas eran tan bajas que terminé con los niños que comían pegamento. Si me aburría y la profesora me daba la espalda, salía de la clase deslizándome boca abajo como una serpiente. Me deslizaba por debajo de los bancos de la iglesia, buscando mujeres que se habían quitado los zapatos y se los cambiaba mezclándolos unos con otros por todo el santuario. Cuando supuestamente debía estar en el grupo de jóvenes, estaba... bueno, en cualquier otro lugar. Hice que una maestra abandonara la enseñanza y probablemente terminara en la oficina de algún terapeuta.

Entonces, una maestra en la secundaria me dijo: "Sabes, Kevin, con tus habilidades podrías hacer algo con tu vida".

Me dejó sin palabras. *¿Habilidades? ¿Tengo habilidades?*

Por primera vez me di cuenta de que podría ser capaz de devolver algo único al mundo gracias a quién era yo. Mientras todos los demás en la escuela se centraron en enderezar mi mala conducta, esa maestra vio quién era yo en mi interior: alguien con la capacidad innata de entretener que se interesaba por ayudar a la gente.

Cada uno de tus cachorros vive en la misma cueva, pero son claramente distintos. Uno quiere ser contable mientras que otra quiere ser bailarina. Un tercero quiere ser piloto de carreras. Pero si miras con atención *que* sueñan hacer, encontrarás pistas de *quiénes* son.

El que será contable le da mucha prioridad a ser detallista, metódico y cuidadoso, y quizá se tome cada fracaso muy en serio durante mucho tiempo porque es perfeccionista. Se exige mucho a sí mismo y no quiere defraudar a nadie, mucho menos a sí mismo.

SI MIRAS CON ATENCIÓN *QUE* SUEÑAN HACER, ENCONTRARÁS PISTAS DE *QUIÉNES* SON.

La bailarina valora la actuación, la música y estar bajo el foco de luz, y su actividad favorita desde muy pequeña puede que sea dar vueltas hasta marearse. Es un espíritu libre a quien le encanta pasar tiempo con otros, y es muy emocional.

El piloto de carreras está motivado por las ráfagas de adrenalina, y tiene muchas probabilidades de caerse de un árbol porque siempre está colgado de uno, y toma muchos riesgos por la curiosidad de ver a dónde le llevan.

No puedes tratar igual al contable, la bailarina o el piloto de carreras. Para ayudar a cada niño a tener éxito en la vida, ahora y en el futuro, comienza con rasgos de carácter clave que te gustaría que todos tus hijos tuvieran; sin embargo, después ten en cuenta la personalidad única de cada niño y las habilidades que está desarrollando.

Cada familia tiene al menos un hijo que te obliga a prestar atención y que acapara más atención de la que le corresponde. Puede ser el hijo único que susurra en voz tan baja que apenas lo escuchas, obligándote a dejar lo que estás haciendo e inclinarte para oírlo. O tal vez sea el bebé ruidoso y alborotador de la familia que no se da cuenta de cuán agotadora es su energía constante. O quizá la primogénita, una reina del drama, que establece el clima emocional de todo el hogar. En medio de toda esa dinámica, suele ser el hijo mediano quien descubre que su mejor opción es mantenerse fuera de la línea de fuego entre sus hermanos mayores y menores, actuar como intermediario cuando no le queda otra opción, y por lo general hacer lo suyo por su cuenta.

Por eso es importante dedicar tiempo a conocer a cada uno de tus hijos de manera individual. Después de todo, para alcanzar tu objetivo final no solo necesitas saber qué cualidades deseas fomentar, sino también quiénes son realmente tus hijos. Esto es más fácil cuando son pequeños y tienen más razones para querer pasar tiempo contigo. Luego entran en escena esos animales llamados *amigos*, llega la adolescencia, y finalmente obtienen la licencia de conducir, lo cual significa que tendrás que esforzarte mucho más para seguirles el rastro

Sin embargo, cada esfuerzo que haces vale la pena. El tiempo de calidad nunca supera al tiempo en cantidad con los hijos. De hecho, para lograr *cualquier* tiempo de calidad necesitas pasar tiempo en cantidad construyendo cuatro fundamentos. Estos fundamentos para el éxito en la vida (carácter, conducta, respeto y una actitud ganadora) y los beneficios duraderos que resultan para ti y tus hijos son los temas de los dos próximos capítulos.

Como beneficio adicional, he incluido mis "Soluciones de 10 segundos" a las preguntas más candentes que los padres plantearon (de las páginas 20 a la 22) a lo largo del resto de este libro. Piensa en la búsqueda como una "misión posible", donde cada solución es una pista práctica para acelerarte en tu misión de criar a hijos exitosos.

"Tu misión, papá y mamá, si decides aceptarla...". Aquí tienes la primera pista.

SOLUCIONES DE 10 SEGUNDOS DEL DR. LEMAN

Pregunta: Mi hija habla sin pensar todo el tiempo. ¿Cómo puedo conseguir que sea más respetuosa?

Respuesta: No hay nada que un poco de cinta adhesiva no pueda arreglar. En serio, cuando hable de más, tan solo aléjate. Entonces, la próxima vez que quiera ir a algún lugar o hacer algo (lo cual con los niños ocurre muy a menudo), tú o ese automóvil sencillamente no estarán disponibles.

Cuando ella pregunte por qué, dile: "No me gusta la manera en que me hablaste esta mañana [o cuando haya sido]".

Después viene la parte más difícil: mantenerte firme. Ningún parpadeo de sus ojitos azules, ni quejas, llantos o rabietas de ira cambiarán la situación. Esa niña no va a ninguna parte. Tiene mucho tiempo para reflexionar sobre sus acciones, sus consecuencias y lo que hará diferente la próxima vez, ahora que sabe que mamá o papá tienen una columna vertebral de acero.

Caso cerrado.

ESTRATEGIA 2

ESPERA LO MEJOR, CONSIGUE LO MEJOR

Cómo formar carácter y una conducta afinada en tus pequeños (y grandes) personajes.

"Mi mamá tiene muchos trabajos", me dijo una vez una niña de cuatro años muy sabia para su edad. "Ella es mi mamá, la esposa de mi papá, y una trabajadora. Por eso se cansa y llora. Algunas veces también grita".

Padres, es cierto que tienen muchos trabajos. Como papá de cinco hijos, sé de primera mano que la crianza de los hijos no es fácil. Está llena de desafíos con los que no contabas y muchas sorpresas que son divertidas y, bueno, otras no tan divertidas.

Admitámoslo desde el principio. Es más difícil lidiar con uno de tus cachorros que con los demás; sin embargo, si edificas sobre los fundamentos que exploraremos en este capítulo y el siguiente, no solo aumentarás el potencial de tus hijos para el éxito en cada área de la vida, sino que también tu viaje de crianza desde aquí en adelante será increíblemente satisfactorio y mucho menos estresante.

Como inspiración de inicio, quiero compartir contigo una historia. Se trata de una muchacha cuya mamá siempre decía que ella era "un poco extra".[1] Se crio en la parte sur de Chicago con su papá, su mamá y su hermano, donde todos vivían en un apartamento diminuto en el piso superior de una casa de su tía abuela.

Como muchacha de origen étnico de un trasfondo de clase trabajadora, se dio cuenta de que la "etiquetarían temprano" y la encasillarían "en un molde de bajo rendimiento" si no demostraba una habilidad sobresaliente.[2] Esa realidad, junto con los sacrificios que vio hacer a sus padres (su papá discapacitado se ponía el uniforme de trabajo y cumplía con su turno todos los días, y su mamá no compraba ropa para sí misma), despertaron en ella el impulso de triunfar y destacar. Al final, su determinación y su espíritu de nunca rendirse superaron sus circunstancias. Esa joven logró ingresar a una universidad de la Liga Ivy, al igual que su hermano, obtuvo su título JD (*Juris Doctor* o Doctor en Jurisprudencia) en una facultad de derecho de la Liga Ivy (un grupo selecto de ocho universidades con connotaciones de excelencia académica) y se unió a un gran bufete en su ciudad natal de Chicago.

¿Qué marcó la mayor diferencia en su vida? La inversión de sus padres en ella. Ella dice que los niños saben cuándo no están siendo valorados. Ella veía eso claramente en su comunidad del centro de la ciudad: "El fracaso es un sentimiento mucho antes de convertirse en un resultado real. Es una vulnerabilidad que se mezcla con la duda y luego se intensifica con el miedo".[3]

Al observar las distintas respuestas de sus padres y sus abuelos ante circunstancias difíciles, comprendió algo: "lo que le sucede a una persona que sabe en lo más profundo de su ser que es más de lo que sus oportunidades le permitieron ser", depende en gran medida de su perspectiva de la vida y de sí misma.[4] Para su abuelo, no poder cambiar su estatus generó un descontento profundo que persistió, pero sus padres se centraron en disfrutar la vida al máximo dentro de lo posible, incluyendo pequeñas recompensas como un helado o una pizza por un trabajo bien hecho. No le inculcaron culpa por tener que esforzarse más o ser más. En cambio, le dieron la libertad de tener sus propias ideas y el espacio para explorarlas, le apoyaron en lo que eligiera hacer, y simplemente esperaban que diera lo mejor de sí misma.

"Los niños llegan a este mundo con una sensación de esperanza y optimismo, sin importar de dónde vengan o cuán duras sean sus historias", afirma, añadiendo que no hay niños malos, solamente malas circunstancias. "Creen que pueden ser cualquier cosa porque les decimos eso, de modo que tenemos la responsabilidad de ser optimistas y actuar en el mundo de ese modo".[5]

Esa joven algún día se convertiría en Michelle Obama, la accesible primera dama cuyo legado inspirador en favor de los niños y las familias, tanto en Estados Unidos como en el extranjero, sigue vivo en múltiples ámbitos incluso después de haber dejado la Casa Blanca.[6]

LO QUE SUS PADRES HICIERON BIEN

La historia de Michelle no solo es inspiradora, sino también motivadora para los padres de todo el mundo. Sus padres no tuvieron una vida fácil. Vivían humildemente y trabajaban arduamente para proporcionar lo básico a sus hijos; sin embargo, no permitieron que las circunstancias adversas les impidieran hacer todo lo posible para desatar el potencial de sus hijos y motivarlos hacia el éxito.

¿Qué hicieron exactamente bien? Según mi análisis, en lugar de enfocarse en lo que *no tenían*, se centraron en lo que *podían hacer*.

En primer lugar, invirtieron en sus hijos. Pasaron tiempo con ellos y conocieron quiénes eran en su esencia. Conocían el carácter de Michelle: ella se motivaba a sí misma al observar el contexto que le rodeaba y no necesitaban empujarle para que diera más; ella misma ya se estaba exigiendo al máximo.

EN LUGAR DE ENFOCARSE EN LO QUE *NO TENÍAN*, SE CENTRARON EN LO QUE *PODÍAN HACER*.

En segundo lugar, su propia conducta de seguir adelante, sacar lo mejor de las circunstancias y nunca rendirse actuó como un modelo a seguir poderoso. Trabajar arduamente era un rasgo familiar. No tenían que decirle a Michelle que trabajara duro porque ella veía a sus padres hacerlo día tras día. Tampoco jugaron al juego de la culpa diciendo: "Mira todo lo que hacemos por ti. Más te vale compensarlo algún día". Ni usaron amenazas como: "Si no obtienes buenas calificaciones, serás un fracaso en la vida". En cambio, siguieron con sus actividades, dejando que sus acciones hablaran más fuerte que cualquier palabra.

En tercer lugar, respetaron las opiniones e ideas de sus hijos y les permitieron experimentar libremente en lo que decidieran hacer. No les dijeron qué tenían que hacer.

En cuarto lugar, aunque no tenían mucho dinero ni posesiones materiales, mantuvieron una actitud optimista hacia el futuro. Eligieron destacar la esperanza y los logros, y celebrar como familia un trabajo bien hecho.

En resumen, esos padres inteligentes conocían el *carácter* de sus hijos, modelaron *conductas* exitosas, *respetaron* las ideas y singularidades de sus hijos, y mostraron una *actitud positiva* ante la vida. Gracias a que construyeron su relación sobre esas cuatro bases, los padres de Michelle criaron a una hija agradecida y feliz con lo que tenía, que no siempre buscaba "lo próximo", y cuyos valores no cambiaron, ya fuera que viviera en un pequeño apartamento en el sur de Chicago o en la Casa Blanca. Eso es porque, como ha dicho Michelle: "La Casa no nos definió, son los *valores* los que nos definieron".[7]

Más adelante en su vida, Michelle alentaría a sus dos hijas universitarias a "descubrir quién quieren ser en el mundo, no quién creen que yo quiero que sean, ni lo que el resto del mundo diga sobre ellas".[8] ¿Te suena familiar ese mantra de vida? ¿De dónde crees que lo aprendió?

Exacto. De su mamá y su papá. Su ejemplo diario tuvo mucho que ver con ello.

¿Quieres hijos que sean agradecidos y felices con lo que tienen? ¿Cuyos valores no cambien sin importar a dónde vayan? ¿Que decidan quiénes quieren ser en lugar de dejar que otros lo definan?

Si quieres desatar el potencial de tu hijo y motivarlo hacia el éxito, espera lo mejor, y obtendrás lo mejor. Integra los cuatro fundamentos para el éxito en la vida en tu relación desde ahora en adelante.

LOS CUATRO FUNDAMENTOS PARA EL ÉXITO EN LA VIDA

Fundamento 1: Carácter

Fundamento 2: Conducta

Fundamento 3: Respeto

Fundamento 4: Una actitud ganadora

CULTIVA UN CARÁCTER SÓLIDO EN TUS PEQUEÑOS Y GRANDES PERSONAJES

Si deseas un hijo reflexivo, agradecido, amable, cortés y respetuoso, debes comenzar con el final en mente. Ya sea que tu hijo sea un bebé, esté en la escuela primaria o secundaria, nunca es demasiado tarde para iniciar un nuevo camino juntos. A partir de este momento, simplemente necesitas entretejer estas virtudes tan firmemente en el tejido de tu hogar y tu familia que los hilos no puedan ser separados. Cultivar un carácter sólido en tus pequeños y grandes personajes establece una base desde la cual se construye una conducta aceptable, una relación de respeto mutuo, y una actitud positiva hacia la vida.

Sin embargo, ¿cómo exactamente se cultiva el carácter en tus hijos? Analicemos los siete rasgos comunes de carácter que los padres desean para sus hijos, los cuales enumeré en el principio 1:

- autocontrol
- tenacidad
- autoestima
- honestidad
- paciencia
- balance en la vida
- bondad

Si deseas criar hijos que tengan esos rasgos de carácter, ¿cómo lo harías?

AUTOCONTROL

Cuando un niño pequeño hace un berrinche, la mayoría de los padres intentan razonar con él. Lo persuaden: "Ay, cariño, no seas así". Lo amenazan: "Deja de hacer eso ahora mismo". O le ofrecen golosinas si se detiene. Esos métodos pueden detener el comportamiento una vez, pero no funcionarán en el largo plazo. Cuando un niño obtiene lo que quiere, continuará con ese comportamiento. Entender esto no es ciencia espacial.

Si un niño de dos años hace un berrinche durante la cena y comienza a lanzar comida, sujetarle las manos puede funcionar para esa comida en particular. Pero aquí hay un plan mejor: continúa tu conversación con quien sea que estuvieras hablando. Retira la comida de la silla alta del niño para que no pueda seguir creando su "arte salpicado". Sin dirigirle la palabra ni mostrar frustración o enojo, recoge tranquilamente la silla alta con el niño en ella y muévela a la vuelta de la esquina, donde ya no pueda verte. Para los niños pequeños, esa pequeña distancia lejos de mamá parece un universo.

Dado que este tipo de conducta tiene como objetivo captar tu atención, retirar a tu hijo de tu espacio es la mejor manera de ayudarlo a comenzar a desarrollar autocontrol. Ese niño pequeño es más inteligente de lo que crees. *Ah, ya entendí. Si hago un berrinche durante la cena y lanzo comida, mamá me pone a la vuelta de la esquina. No me gusta cuando no puedo ver a mamá. Mejor no lo hago otra vez.* Así, incluso un niño pequeño puede empezar a desarrollar autocontrol gracias a la acción de los padres.

Cuanto antes aprendan los niños que el autocontrol y la gratificación demorada son parte de la vida, mejor será para ellos, para ti y para todos los que los rodean. Los niños que no tienen autocontrol terminan convirtiéndose en acosadores o en príncipes y princesas con aires de grandeza, y hacen lo que les viene en gana, siempre que quieran y con quien quieran. La falta de autocontrol es una receta para el desastre. Perderán amigos y ganarán muchos enemigos. La pasarán mal para manejar cualquier situación que no salga como ellos quieren, y perderán un empleo tras otro.

Si tu hijo de ocho años decide pasar con su bicicleta sobre las flores del vecino solo porque le parece que será divertido, las consecuencias inmediatas deberían caer como un rayo. No va a su partido de béisbol. En cambio, haz que se dirija a la puerta del vecino, contigo detrás, y se disculpe directamente por su acción. *Él* enfrenta la reacción del vecino, no tú. Mejor aún, si conoces al vecino, llama en secreto de antemano y explícale que estás tratando de enseñar una lección de vida y te gustaría que te ayude con una buena actuación. Incluso un vecino gruñón probablemente estaría encantado de colaborar.

Luego, tu hijo regresa a casa, saca de sus ahorros (quizá destinados a comprar una patineta), y te acompaña a comprar flores nuevas. Pasa el resto del día desenterrando las flores aplastadas, plantando las nuevas y limpiando el desastre. Su fin de semana está arruinado tal como lo había planeado y, definitivamente, no estará contento; pero jamás olvidará esa lección. Apuesto a que la próxima vez que ande en bicicleta, se alejará de esas lindas flores y les dirá a sus amigos que también lo eviten.

Si tu adolescente de quince años, en un ataque de ira, rompe un pedazo de la pared de yeso con el puño, déjalo que se retire a su cuarto para calmarse, pero no saldrá a ninguna parte. Aprende cuánto cuesta reparar el yeso y paga el costo con su propia paga y el dinero que ganó cortando césped cuando tenía doce años. Mejor aún si tiene que intentar hacer la reparación él mismo, con masilla, papel de lija y pintura. Tal vez no quede perfecto, pero cada vez que pase por ese lugar en el pasillo, créeme que lo verá. La mancha en la pared y las consecuencias serán un recordatorio constante de no perder el autocontrol de ese modo otra vez.

¿Ves lo simple que es este método? Dejas que las consecuencias hablen alto por ti, y das descanso a tus cuerdas vocales.

TENACIDAD

Si deseas un hijo que no se rinda fácilmente cuando se enfrente a la adversidad, comienza con pequeños pasos.

Tu hijo está desalentado por su mala calificación en un examen de ciencia. "Nunca aprenderé ciencia, soy un torpe", dice.

Tú te sientas a su lado. "Oye, la ciencia también me resultaba difícil. Obtuve algunas calificaciones que no me gustaban, pero ¿sabes qué? Creo en ti. Sé que si perseveras puedes superar cualquier cosa. Incluso la tabla periódica de los elementos. Nada te va a derribar. Ya lo demostraste en el pasado cuando...". Aquí, le recuerdas una o dos ocasiones en las que no se dio por vencido y la situación tuvo un buen desenlace.

SOLUCIONES DE 10 SEGUNDOS DEL DR. LEMAN

Pregunta: Mi hija de cuatro años hace muchos berrinches. ¿Cómo puedo lograr que deje de hacerlos? En la casa es molesto, pero en la tienda es realmente embarazoso. Vivimos en una ciudad pequeña, y ahora aborrezco ir al supermercado.

Respuesta: Mantén la cabeza en alto y camina con confianza pasando junto a tu hija mientras hace su berrinche en el pasillo. Si alguien se acerca, simplemente levanta las cejas y di algo como: "Bueno... algunos niños son así". Luego, da un giro rápidamente para salir de la vista de tu querubín, pero mantente lo suficientemente cerca como para poder observarla.

Después de un momento de sorpresa, tu hija se dará cuenta de que te has ido de su vista. En un segundo, correrá hacia donde "desapareciste", diciendo: "Mamá, lo siento. No lo quise hacer. Te amo". Probablemente pasará un buen tiempo antes de que lo intente de nuevo.

Si lanza otro berrinche, repite el proceso para reforzar tu nueva manera de manejar esa conducta.

Si algún otro padre en la tienda te conoce, también aprenderá algo... y pensará que eres muy astuta. Incluso podría probar esta técnica que aprendió de ti.

Observemos que no le das falsas esperanzas de que sacará una calificación sobresaliente en una materia que no le es natural, pero palabras como estas lo empoderan para dar lo mejor de sí mismo, porque tú ya crees en él y esperas lo mejor de él. Puede que no sea el próximo Einstein, pero tampoco tiene que estar al final de su clase.

Si tu hija de cuatro años deja de recoger sus juguetes a mitad de camino, señálalo con suavidad. "Veo que guardaste la mitad de tus juguetes. Gracias. Ahora termina de guardar el resto mientras preparo la cena. Después de todo, eres una Anderson. Y nosotros, los Anderson, siempre terminamos lo que comenzamos".

Si tu hija en el último año de secundaria está abrumada por sus opciones universitarias y no sabe ni por dónde comenzar, puedes decirle: "Comienza investigando una universidad. Haz una lista de pros y contras. Una vez que te sientas satisfecha con lo que sabes de esa escuela, déjala a un lado y pasa a la siguiente. Si miras una cada vez y perseveras, terminarás el trabajo. Siempre lo haces. ¿Recuerdas cuando eras niña y...?". Entonces le recuerdas la vez que montó un puesto de limonada que no vendió nada en tres días, pero insistió durante todas las vacaciones de primavera y al final terminó ganando más de cien dólares.

Estas técnicas simples y positivas, aplicadas en el momento, inspiran a un niño a ser tenaz, manteniéndose en sus tareas hasta completarlas. Él pensará: *De acuerdo, esto es difícil ahora, pero mamá [o papá] tiene razón. Seguí adelante incluso cuando las cosas eran difíciles antes, y logré hacerlo. Esta vez también lo haré.*

Muchas personas se dan por vencidas cuando las cosas se ponen difíciles. Si enseñas tenacidad a tu hijo, destacará claramente por encima del resto.

SOLUCIONES DE 10 SEGUNDOS DEL DR. LEMAN

Pregunta: Mi hija mayor es una estudiante sobresaliente. Luego está su hermana, que solo saca sobresaliente en gimnasia. El resto de sus calificaciones son insuficientes. ¿Cómo puedo motivarla a ser más como su hermana mayor?

Respuesta: Tu hija nunca será como su hermana, porque no es su hermana. Acepta eso ahora mismo, y todos estarán mejor. Cuando ella ve a su hermana mayor como una estrella, ¿sabes lo que piensa? *No hay modo de que yo pueda competir con eso. Ella tiene todo "perfecto". Por eso, hago lo contrario y sigo mi propio camino. Tal vez así mamá y papá observen que soy yo y no ella.*

No puedes motivar a tu hija a hacer algo que no quiere hacer. Lo que sí puedes hacer es entender quién es ella y apreciar las cualidades que la hacen única. Intenta comenzar con estas palabras: "Cariño, estaba pensando esta mañana en cuántas cualidades increíbles tienes".

Ya tienes su atención. Ella esperaba que la regañaras por esas calificaciones. ¿Y ahora la estás halagando? ¡Ahora es todo oídos!

"Para comenzar —continúas— tienes un corazón muy bondadoso, como cuando rescataste a ese gatito abandonado que estaba solo en una caja de cartón bajo la lluvia. Siempre estás dispuesta a ayudar, como cuando el Sr. Ellis se lastimó la espalda y tú fuiste a recoger su correo y rastrillaste sus hojas. Esas y muchas otras cosas te hacen especial. Eres diferente de tu hermana, y lo diferente está bien. Tu hermana es tan perfecta que a veces puede ser un poco exagerada, ¿no? Bueno, no espero que seas como ella, porque tú no eres ella. Tú eres tú, y te amo tal como eres".

Comenzar diciendo eso hace maravillas para eliminar cualquier competencia entre hermanos. Cuando los niños saben que su trabajo es apreciado, se esforzarán más en todo, incluso cuando no creen que sean buenos en ello.

AUTOESTIMA

"Ni siquiera entiendo cómo pasó", me dijo una mamá, "pero mi hija tiene una autoestima terrible. Es tan insegura que no puede ni ir a la escuela. Trato de dejarla allí, pero luego tengo que traerla de regreso a casa conmigo".

Esa niña tenía solo cuatro años, y su mamá hablaba de la escuela preescolar. ¡Claro que la niña no quería ir! Los niños necesitan rutina, y esto era una sacudida en sus rituales. Además, era hija única y no había socializado con otros niños, ya que mamá y papá trabajaban muchas horas y solo había estado al cuidado de la abuela. ¿Por qué tendría ganas de ir a un lugar ruidoso lleno de niños de su edad corriendo por ahí y con uno o dos adultos que no conocía? Si yo fuera ella, tampoco querría ir.

Pero eso no tiene nada que ver con la autoestima. Cuando los padres me dicen cuán inseguros son sus hijos, generalmente no son conscientes de algunos puntos clave.

Primero, la inseguridad, en su raíz, es un enfoque excesivo en uno mismo. Si eres inseguro, piensas que todos en la habitación te están mirando específicamente a ti, lo cual te impide avanzar. Cuando te concentras en ti mismo no ves a los demás, que podrían estar en la misma situación luchando con el mismo problema. No te acercas a los demás porque cada situación parece tratar solo sobre ti. Todo lo malo que pasa parece dirigido directamente a ti.

En segundo lugar, la autoestima (lo que piensas de ti mismo) está sobrevalorada, mal entendida y mantiene ocupados a muchos terapeutas.

CARACTERÍSTICAS DE LOS NIÑOS CON UNA AUTOIMAGEN SALUDABLE

Son responsables y capaces.

- Son seguros de sí mismos y de sus funciones, pero no arrogantes.
- Son sensibles a las necesidades de los demás, a la vez que también cuidan de sí mismos.
- Se enfocan en lo que pueden dar en lugar de enfocarse en lo que pueden tomar.
- Siempre intentan hacer lo mejor que pueden, pero no se obsesionan por ser perfectos.

No puedo contar el número de veces que padres y madres me han dicho: "Doctor, me preocupa que nuestro hijo tenga una baja autoestima". La autoestima se basa en cómo nos sentimos hacia ciertas situaciones y cómo respondemos a ellas. Cambiará según sea nuestro humor en ese día y nuestra perspectiva de la situación.

Sin embargo, la valía personal (comprender que eres único entre las creaciones del Dios todopoderoso y también lo es tu lugar en el universo) es muy diferente. La valía personal es duradera. Puede que una situación no salga bien, pero eso no cambia cómo te ves a ti mismo. Por eso, cuando caes, eres capaz de levantarte, sacudirte el polvo, y avanzar. Rasgos de carácter positivos, como los que estamos discutiendo en este capítulo, son los bloques básicos de la verdadera valía personal.

En tercer lugar, un antídoto rápido para la inseguridad o la arrogancia (la otra cara de la misma moneda del enfoque en uno mismo) es conocer a otros que estén en una situación peor, tal vez en un barco que se está llenando de agua con mayor rapidez o incluso que está en el fondo del lago. Cuando mis cinco hijos vivían en casa, me acompañaban no solo a llevar provisiones de alimentos a familias necesitadas, sino también a pasar tiempo con esas familias y conocerlas mejor. Era una de las muchas actividades que hacíamos como familia para inculcar en nuestros hijos que los demás son importantes y deberían ser tratados como tales.

SINCERIDAD

Los niños pueden ser vergonzosamente sinceros. Tomemos estas dos situaciones de la vida real.

El hijo de cuatro años de Jenny la acompañó a su oficina cuando su cuidadora se enfermó. Mientras ella daba instrucciones a un compañero de trabajo, él se puso tras ella rápidamente y la rodeó con sus brazos por la cintura. "¡Mami! —gritó con la fuerza suficiente para que lo oyeran todas las estrellas del universo— Tienes almohadas extra en tu pancita. ¡Son blanditas!".

Más adelante, cuando Jenny ya había mirado todas las dietas del planeta en la hora de su receso, le explicó que algunas veces es mejor no decir *todo* lo que uno piensa.

Melanie recibió una llamada de la escuela para una "consulta" acerca de su hija de seis años.

"Siento mucho lo de tu esposo —le dijo el director—. Queríamos que supiera que la escuela está aquí para apoyarles a ti y a tu hija en un momento tan difícil".

Melanie se quedó con la boca abierta. "¿Mi esposo? ¿A qué se refiere?".

El director dijo cuidadosamente: "Sabemos que lo encarcelaron esta semana. Tu hija nos lo dijo".

El asombro de Melanie se fue calmando a medida que se desarrollaba la historia. Cuando la maestra de primer grado le preguntó a qué se dedicaba su papá, la pequeña había dicho: "Irá a la cárcel el viernes".

Cuando Melanie aclaró que los viernes en la noche su esposo era capellán voluntario en la prisión y no un interno, el director y ella rieron a carcajadas.

Con los niños, la sinceridad puede ser ciertamente pegajosa. Dirán lo que ven y oyen, con frecuencia en los momentos más inoportunos. Si responden al teléfono y te dicen que es fulanito, será mejor que tú tomes la llamada. De lo contrario, ese niño podría decir: "Mi mamá no quiere hablar contigo, adiós", y colgará. Eso podría causar cierto daño a tus relaciones adultas. Los niños dicen claramente lo que experimentan, hasta que se les enseña a no hacerlo. Si tu cónyuge y tú tienen un desacuerdo y tu hijo lo oye, no debería sorprenderte cuando le cuente eso a su amigo o su maestro.

La sinceridad es un buen rasgo de carácter, pero hay que emparejarla con discernimiento. Por lo tanto, si tu hijo "toma prestado" el juguete de un amigo cuando él no está mirando, tú dices: "¿Es tuyo ese juguete?". Cuando tu hijo te diga que no, dices: "Entonces tienes que devolvérselo a tu amigo. Él estará triste por creer que perdió su juguete". Tampoco debes esperar. Vas caminando hasta su casa o en el auto. Tu hijo devuelve ese juguete en persona lo antes posible. Tú estás detrás de él y no intervienes. Él se disculpa y devuelve el juguete.

Si practicas tales técnicas a lo largo del tiempo, cuando ese mismo muchacho tenga dieciséis años y abolle el auto familiar, se acercará a ti y dirá: "Papá, mamá, abollé el auto. Es culpa mía. Tomé la curva con mucha rapidez y no calculé la distancia del poste que estaba allí". No culpará a nadie. No dirá: "Es culpa de mis amigos. Iban hablando fuerte en el auto y me distrajeron". Se apropiará de la verdad y será responsable.

La sinceridad comienza con las cosas pequeñas. ¿Quieres que tu hijo sea sincero? Entonces *tú* tienes que ser sincero en todas las cosas.

Suena el teléfono, y tu hijo responde. No es una persona con la que quieres hablar en ese momento. ¿Le dices a tu hijo: "Dile que no estoy en casa"? ¿O agradeces al niño, tomas la llamada, y respondes con brevedad?

PACIENCIA

En la película de 2007 *Regreso del Todopoderoso,* el actor Morgan Freeman suelta algunas frases clásicas: "Si alguien ora pidiendo paciencia, ¿crees que Dios le da paciencia? ¿O le da la oportunidad de ser paciente?".[9]

Los padres y las madres tenemos muchas oportunidades de ser pacientes, sin ninguna duda. Y también nuestros hijos. El problema está en que en ocasiones nuestra propia impaciencia impide que ellos tengan la oportunidad de cultivar la paciencia.

Mi mamá solía decirme que nada bueno llega fácilmente, y mientras más años cumplo, más seguro estoy de que ella tiene razón. La paciencia es una cualidad fundamental que debemos tener en el mundo actual que lo quiere todo al instante. En una ocasión vi a un estudiante universitario parado al lado de un microondas y musitar: "¿Por qué esto toma tanto tiempo? Tengo cosas que hacer".

¿Cómo enseñas paciencia a tu hijo?

En primer lugar, no le concedes cada uno de sus deseos como si fueras un hada madrina. Si tu hijo quiere un nuevo videojuego y desea pedirlo en el internet ahora mismo, unos padres que valoran la paciencia como una cualidad de carácter dirían: "Cuéntame sobre ese juego". Después de que tenga la oportunidad de hablar con entusiasmo sobre todas las razones por las que lo quiere, podrías decir: "Vaya, parece un juego que vale la pena esperar. Bueno, tu cumpleaños es en cinco meses. Si ahorras tu mesada y guardas el dinero que el abuelo te dará por tu cumpleaños, tendrás casi suficiente. Nosotros cubriremos el resto y el envío". Muchas veces, ese artículo que tu hijo sentía que debía tener, habrá cambiado varias veces antes de que llegue su cumpleaños.

En segundo lugar, toma nota de las veces en que tu hijo fue paciente y dale palabras de ánimo. "Noté que ayer fuiste muy paciente con tu hermana. Ella puede ser lenta al vestirse, y sé que querías salir más rápido al parque, pero en lugar de enojarte con ella pusiste sus zapatos y su abrigo junto a la puerta para que no tardara más en encontrarlos. Luego esperaste pacientemente. Eso fue muy impresionante". Le aprietas el hombro. "Eso también me ayudó mucho esta tarde".

En tercer lugar, fomenta la paciencia mostrando que pensar a largo plazo tiene sus beneficios. "Sé que no es fácil esperar para obtener tu permiso de conducir, ya que eres más joven que tus compañeros de clase. Pero eso no significa que no puedas estudiar las reglas de tránsito ahora, como ellos lo están haciendo. Así, cuando sea tu turno, estarás todavía más preparado".

Es difícil tener paciencia, ya que es muy fácil ser sacudido por acontecimientos no previstos, pero es un rasgo de carácter fundamental para el éxito. Si no la tienes, perderás los nervios, se te dará muy bien pensar en el corto plazo, y reaccionarás espontáneamente en lugar de escoger tu respuesta. Si la tienes, serás capaz de ver cualquier situación con una perspectiva más amplia, mantener la calma y seguir adelante.

BALANCE EN LA VIDA

La vida es un delicado balance entre hacer cosas que amamos y nos emocionan, y realizar tareas que no nos gustan, como destapar un inodoro, o que simplemente nos aburren, como sacar la basura y pagar las facturas; sin embargo, todas ellas son necesarias.

Los niños que son criados para esperar que la vida sea como Disneylandia se llevarán una gran decepción. Si la vida no es un parque de diversiones constante pensarán que es injusta, que han hecho algo mal o que los demás están en su contra; sin embargo, si experimentan un balance entre cumplir con sus responsabilidades, como tareas asignadas y tareas escolares, y divertirse en el camino con amigos y familia, aprenderán a ser balanceados en sus expectativas y su actitud.

Se convertirán en el tipo de personas que dan lo mejor de sí en sus tareas. Llegarán a la casa a tiempo para la cena, abrazarán a su pareja y participarán activamente en las vidas de sus hijos. Saldrán a correr con un amigo temprano los sábados para mantenerse sanos y conectados, pero regresarán a la casa para hacer panqueques con formas de animales para sus hijos, permitiendo que su pareja tenga un merecido descanso. En ese hogar abundarán el amor y la diversión. Esos niños preferirán invitar a sus amigos a su casa en lugar de ir a otro lugar en busca de entretenimiento.

LOS NIÑOS QUE SON CRIADOS PARA ESPERAR QUE LA VIDA SEA COMO DISNEYLANDIA SE LLEVARÁN UNA GRAN DECEPCIÓN.

¿Cómo se logra tal balance? La fórmula es sencilla: B no sucede a menos que A esté completo. ¿Qué significa eso?

Supongamos que les dices a tus cuatro hijos: "Sé que mañana es sábado, su día de descanso, pero esta casa está un poco desordenada. Todos contribuimos a eso, así que todos somos responsables de arreglarlo. Les pido a cada uno de ustedes no solo que arreglen su cuarto, sino que también dediquen una hora a limpiar otra área de la casa o el garaje. No me importa cuándo lo hagan, siempre y cuando esté terminado para mañana a las diez de la noche. Vamos a celebrar nuestro esfuerzo el domingo pidiendo nuestro platillo chino favorito".

El sábado, tu hija mayor se levanta a las seis de la mañana y comienza a limpiar su cuarto. Para cuando tu segundo hijo logra sacar un pie de la cama, tu hija mayor ya tiene la cocina impecable.

Luego regresa a su cuarto para estudiar cálculo, ya que tiene planes para el resto del día.

Después de un rato viendo caricaturas, tu segundo hijo, que ama estar al aire libre, se dirige al garaje. Abre la puerta y pone su música favorita mientras barre las hojas y limpia las telarañas de las ventanas. Cuando llegan algunos amigos, los invita a que ayuden. Transforman la sesión de limpieza en una fiesta improvisada en la calle y se divierten muchísimo haciéndolo.

Tu tercer hijo duerme hasta pasado el almuerzo. Cuando finalmente se levanta, la casa está completamente en silencio. Encogiéndose de hombros, se dirige a jugar béisbol al terreno que está a la vuelta de la esquina.

Mientras tanto, tu hija menor ha estado ocupada tratando de unirse a la fiesta de su hermano en el garaje. Le encanta ser el centro de atención, y los muchachos mayores son mucho más emocionantes que limpiar su cuarto. Intentó limpiar durante unos cinco minutos, pero la música y la acción cercanas fueron demasiado tentadoras.

Tú, como un padre inteligente, no haces recordatorios. En su lugar, esperas y observas. Tu hija mayor ya hizo su tarea. Tu creativo segundo hijo encontró una manera ingeniosa de cumplir con su tarea mientras socializaba al mismo tiempo.

Luego están el tercero y el cuarto hijo. Tu tercer hijo regresa a la casa a las nueve con un minuto de la noche, después de cenar en casa de un amigo y olvidarse de avisarte. Está cansado, así que se tira en el sofá a ver una película con su papá. A las once se levanta del sofá y se va a la cama.

Tu cuarta hija hizo varios intentos de ordenar su cuarto, pero apenas si puede apreciarse la diferencia. Parece que solamente los montones de ropa están reubicados. Ella no tocó nada en el resto de la casa.

El domingo ordenas comida china: los platillos favoritos de tu cónyuge y tuyos, y también los favoritos de tu hija mayor y el mediano. Llega la comida y huele muy sabrosa. Todos tus hijos se acercan corriendo.

"Un momento". Levantas la mano. "¿Recuerdan que el viernes les dije que quería que todos limpiaran sus cuartos y dedicaran una hora a limpiar la casa el sábado?".

Tus dos hijos mayores asienten con entusiasmo. Los dos menores se detienen en seco. El tercero frunce el ceño, como si recién recordara la tarea. El más pequeño simplemente parece confundido.

Luego lanzas el dardo: "Si hicieron lo que pedí, entonces disfruten del banquete; si no lo hicieron, pueden disfrutar lo que sean capaces de prepararse para el almuerzo".

Las mandíbulas de tus dos hijos menores caen con asombro. Intentan toda clase de argumentos para provocar culpa: "¡Eso no es justo!" y "¡eres muy malo!". Incluso recurren a las lágrimas.

Tú no cedes en tu postura. Cuatro de ellos disfrutan un delicioso banquete chino. Los otros dos miran con tristeza mientras contemplan el tarro de mantequilla de maní en la despensa y pelean por los últimos restos de mermelada y pan en que hay en el refrigerador.

La próxima vez que pidas limpieza, ¿no crees que la respuesta será diferente? Todos tus hijos saben que dices en serio lo que pides y que respaldas tus palabras con acciones.

Tus dos hijos mayores, que hicieron lo que se les pidió, recibieron una recompensa y la satisfacción de ver a sus molestos hermanos menores enfrentar las consecuencias.

Tu tercer hijo, que olvidó la tarea, ahora comprende la importancia de la organización y de balancear la diversión con la responsabilidad.

Tu hija menor recibió un *shock*. Nadie la rescató ni hizo su trabajo cuando se dejó distraer. La próxima vez, es más probable que comience un trabajo y lo termine, especialmente porque los más pequeños odian ser excluidos de cualquier fiesta.

Esa lección quedará grabada en la mente de tus cuatro hijos para sus elecciones futuras.

BONDAD

Ser bueno y amable con los demás no es algo natural. Los bebés llegan a este mundo siendo egoístas y enfocados en sí mismos. Lloran cuando tienen hambre, están mojados, tienen calor o frío, o tienen un pañal sucio. Muerden al hermano o la hermana cuando sienten celos de que mamá pase demasiado tiempo con el recién llegado y causante de problemas. Ese bebé de la familia más adelante será el instigador astuto que gritará: "¡Mamá! ¡Ella me golpeó!", y logrará que castiguen a su hermana mayor como su entretenimiento diario.

Entonces llega la adolescencia, y las emociones oscilan salvajemente. El pensamiento de "todo se trata de mí" alcanza su punto máximo cuando un adolescente está rodeado de compañeros igualmente egocéntricos. La bondad no es la regla en la jungla escolar. Es comer o ser comido. Despertar con un grano en la cara puede convertirte en el blanco de comentarios como "cara de pizza" y otras burlas. Pero si estás en la cima de la cadena alimenticia, tus propios defectos pueden quedar ocultos detrás de tu actitud prepotente... al menos temporalmente.

La bondad puede parecer lo opuesto a avanzar en un mundo competitivo, pero es un ingrediente necesario para la vida. La bondad realmente hace girar el mundo.

Piensa en todas las personas exitosas que conoces, las que más te han influido. ¿Fue porque competían contigo o porque eran intensamente egocéntricas? No, probablemente fue porque eran amables, y esa cualidad de la bondad les condujo a realizar una acción especial que tú nunca olvidarás. En tu momento más débil, cuando necesitabas valentía o inspiración, se tomaron el tiempo para ti. Te animaron, te dieron una palmada en el hombro o te defendieron.

¿Cómo enseñas bondad? No puedes simplemente decirle a un niño: "Sé amable con los demás". Solo puedes mostrarles cómo se ve eso. Si otra persona te ofende, ¿supones automáticamente que lo hizo con toda intención? ¿O le das el beneficio de la duda respondiendo con amabilidad y calma?

SOLUCIONES DE 10 SEGUNDOS DEL DR. LEMAN

Pregunta: Crecí en una familia que tenía la mentalidad de "todos para uno y uno para todos", pero el mantra de mis hijos es más "todos para mí, y yo para mí mismo". ¿Cómo puedo cambiar eso y conseguir que me ayuden un poco, por ejemplo, limpiando la cocina?

Respuesta: Cuando eres parte de una familia, todos colaboran. Nadie se libra de responsabilidades. No eres la criada ni el felpudo; eres el papá o la mamá. Tus hijos necesitan una llamada de atención.

Es momento de aplicar el tratamiento de pan y agua. La próxima vez que tus hijos te pidan algo, diles: "Claro, puedes conseguirlo/hacerlo, pero tendrás que encargarte tú mismo".

"¡Pero tú siempre…!", se quejarán.

"Sí, lo he hecho en el pasado —respondes con calma—; pero a partir de ahora estaré ocupada haciendo cosas para mí misma. Tú puedes encargarte de lo que necesites".

Guarda una imagen mental de esas caras confundidas para disfrutarla más tarde. Cuando se den cuenta de que realmente no vas a hacer esas cosas por ellos, sacarán todas las tácticas de su manual "Cómo manipular a mamá y papá". Discutirán, rogarán; pero nada funcionará, porque eres más lista que eso.

Después de unos días, cuando la vida no sea la misma, cuando su camiseta favorita no esté lavada; la cena sea lo que encuentren en la despensa o el refrigerador, y eso ya esté aburriendo; y no haya ningún genio mágico que limpie después de ellos o encuentre el zapato perdido que el perro arrastró debajo del sofá, esos niños te harán una pregunta más seria: "Oye, ¿estás bien? O sea…".

Es entonces cuando das esa respuesta que has estado afinando con anticipación y alegría para este momento: "¿Yo? Estoy genial. Nunca estuve mejor. Tan solo decidí que no quiero ser la criada aquí como he sido antes. O todos colaboramos para hacer las cosas y ayudarnos unos a otros, o cada uno de nosotros es responsable de su propia comida, limpieza, lavar la ropa, etc.".

Sea la luz.

Si tu hijo de once años entra rápidamente a la casa con cara de tormenta, ¿le dices: "¿Qué te pasa? ¡Cambia esa cara!"? ¿O dejas que esa nube de tormenta pase de largo? Luego, más tarde, le dices suavemente: "Parece que tuviste un día difícil. Si alguna vez quieres hablar sobre ello, aquí estoy para escucharte". No lo presionas. Te alejas y lo dejas venir a ti cuando esté listo.

Si no estás de acuerdo con tu hija de catorce años, ¿la confrontas directamente delante de los demás? ¿O le pides hablar en privado y entablas un diálogo respetuoso?

Si tu hijo está lidiando con la tristeza por el final de su primer amor o la muerte de una mascota, ¿le dices: "Supéralo ya. Ha pasado una semana. Es hora de seguir adelante"? ¿O le dices con ternura: "Sé que este ha sido un momento difícil para ti. Siempre estaré aquí si y cuando necesites conversar"?

La bondad genera bondad. Si priorizas la bondad en tu familia, las pequeñas irritaciones no se convertirán en grandes problemas. Digamos que una de tus hijas adolescentes usa el suéter de la otra sin permiso, lo mancha y olvida lavarlo. Puedes ser un buen modelo para enseñarles cómo manejar esas situaciones sin convertirlas en una guerra entre hermanas.

Ir de frente y confrontar no resolverá el problema. Es más probable que lo agrave en una cadena de venganza. Pero si sugieres que tu hija mayor diga amablemente a la menor: "Ah, por cierto, vi una pequeña mancha en mi jersey rojo. Si lo usaste, me gustaría que lo lavaras. Gracias", sin acusaciones, ayudarás a mantener el equilibrio familiar.

La bondad comienza contigo. Cómo respondes marca la diferencia en cómo responderán tus hijos. Como solía decir un anciano granjero de Iowa que conozco: "Es mejor equivocarse un poco siendo amable que equivocarse mucho en la dirección contraria".

ES TU TURNO: HACER QUE TU LISTA DE CUALIDADES SOÑADAS SE HAGA REALIDAD

Vuelve a leer tu lista de cualidades soñadas de la página 25. Tomándolas una a una, plantea las siguientes preguntas:

1. ¿Por qué escogí ese como un rasgo de carácter importante? ¿Es porque valoro esa cualidad, porque su carencia nos causó problemas a mí o a mis hijos, o por alguna otra razón?
2. ¿Cómo podría verse el producto final de ese rasgo de carácter en las vidas de mis hijos dentro de cinco años?

3. ¿Qué cosa puedo decir o hacer esta semana para fomentar ese rasgo en mis hijos?
4. ¿Cómo podría ser un modelo a seguir de ese rasgo, pero de un modo más eficaz para mis hijos que siempre están observando?

CÓMO CULTIVAR LA CONDUCTA QUE QUIERES

¿Quieres saber el mayor de todos los secretos acerca de la conducta? *Solo continúa si funciona.*

Sí, leíste bien. Esos querubines tuyos, que vienen en distintos tamaños y formas, seguirán haciendo lo que hacen si obtienen lo que quieren como recompensa.

Si el niño pequeño que dice "dámelo" se tranquiliza al obtener el dulce que quiere en el supermercado, funcionó.

¿QUIERES SABER EL MAYOR DE TODOS LOS SECRETOS ACERCA DE LA CONDUCTA? *SOLO CONTINÚA SI FUNCIONA.*

Si el nuevo alumno de kínder se aferra a la pierna de mamá y se niega a soltarla en la puerta de la escuela, logrando que mamá lo lleve de regreso a casa, funcionó.

Si la estudiante de primaria convence a papá de que haga su proyecto de ciencias por ella, funcionó.

Si el adolescente que faltó al respeto a su mamá sigue teniendo permiso para ir a su partido de fútbol al día siguiente, funcionó.

Si los dos hermanos en guerra que interrumpieron la llamada de negocios del papá que trabaja desde casa, aún logran que los lleven a Taco Bell a cenar, funcionó.

Si el adolescente que durmió hasta tarde tres días seguidos es rescatado porque mamá escribe notas de excusa "legítimas" inventadas para justificar su demora en la escuela, funcionó.

Los niños son maestros de la manipulación. Saben cómo aprovechar un sistema... y cómo aprovecharse de ti.

Sin embargo, hay un beneficio inmenso en saber que la conducta solamente continúa si funciona. Puedes usar ese secreto para cultivar la conducta *positiva* que quieres ver. Eso se debe a que obtienes lo que esperas, y ellos devuelven lo mismo que ven y oyen. Si tus expectativas son razonables y te ganas su participación, te sorprenderá la transformación que se producirá en tu hogar.

OBTIENES LO QUE ESPERAS

Si esperas lo peor, obtienes lo peor. Decirles a tus hijos: "Si haces X..." seguido de una amenaza, no funciona para controlarlos. En realidad, los prepara para portarse mal. Después de todo, tal acto es un gran estimulante para los niños curiosos.

Veamos si mamá [papá] realmente quiere decir eso, piensan.

Cuando los padres, cansados, distraídos o que intentan ser sus amigos, no cumplen con lo que dicen, ese niño sonríe. *¡Vaya! Ya los tengo. No tengo que hacer esa actividad que odio. Solo tengo que esperar un poco hasta que se distraigan, y puedo hacer lo que quiero. Incluso si notan que no lo hago, no me voy a meter en problemas... al menos no por mucho tiempo. Siempre ceden cuando me castigan. Oye, ahora que lo he entendido, ¡esto es fácil!*

Si no crees que los niños sean tan astutos, ve a la tienda o supermercado local. Observa las interacciones típicas entre padre e hijo para ver lo bien que funciona este proceso incluso para un niño de tres años.

"Quiero eso, mami", dice el pequeño ángel señalando un artículo deseado.

"Hoy no", dice mamá con tono firme. "Tenemos suficientes golosinas en casa".

"Pero, mami, quiero eso", insiste el niño y estira la mano hacia el artículo.

Mamá mueve el carrito lejos del artículo.

El niño se queja. "*Siempre* me compras algo en la tienda".

Mamá empuja el carrito por el pasillo, con el niño detrás. El niño, viendo cómo su premio desaparece de su vista, comienza a llorar.

"Cállate", dice mamá, mirando a los otros clientes en la tienda. "Te dije que no iba a comprar eso hoy".

Pero después de unos tres minutos de ruido constante, el carrito de alguna manera regresa mágicamente al artículo codiciado y termina en las manos del niño.

Es asombroso lo bien que funciona, ¿no es cierto?

Imagina, sin embargo, si esa mamá hubiera dicho antes de salir hacia la tienda: "Me alegra que puedas ir a la tienda conmigo. Me encanta cuando hacemos cosas juntos. Como actúas como un niño grande y no te quejas, siempre puedo llevarte a la tienda. Eso me hace muy feliz".

Lo que sucede en esa tienda de comestibles probablemente será un escenario muy diferente.

No hay nada que los niños quieran más que hacer felices a sus padres. Su audiencia favorita eres tú, y por eso hacen tantas obras teatrales con sus hermanos para llamar tu atención.

Si crías a tu hijo para que piense que es el centro del universo, no deberías sorprenderte cuando se comporte como tal. Sin embargo, si lo crías para que comprenda que él o ella, y todos los demás en este planeta, tienen una función igualmente única e importante, se comportará según ese concepto en todo lo que hace.

Las grandes expectativas pueden marcar una gran diferencia. Prueba ese concepto y compruébalo tú mismo.

SI CRÍAS A TU HIJO PARA QUE PIENSE QUE ES EL CENTRO DEL UNIVERSO, NO DEBERÍAS SORPRENDERTE CUANDO SE COMPORTE COMO TAL.

ELLOS DIRÁN Y HARÁN LO QUE VEAN Y OIGAN DE TI

La gente piensa que las ovejas son tontas, aunque los amantes de las ovejas y algunos científicos no estarían de acuerdo; sin embargo, si disfrazas a un falso pastor, las ovejas no lo seguirán aunque su "voz" sea una grabación digital de la verdadera voz del pastor. Esas ovejas mirarán al pastor falso, escucharán por un momento, y luego lo ignorarán y volverán a pastar.

Los niños, que carecen de experiencia en la vida, a veces son tan tontos como las ovejas. ¿De qué otra manera se explica que en invierno se les congelen las lenguas en los postes del columpio, que se les queden los zapatos pegados en el cemento fresco, o que lancen pudín de chocolate al trasero de la directora cuando suponen que ella no será lo suficientemente rápida como para atraparlos?

Pero esos mismos niños tienen una habilidad asombrosa para detectar cualquier cosa falsa desde kilómetros de distancia. Si les pides que hagan algo que tú mismo no haces, ¿por qué habrían de hacer caso a tus peticiones?

Por lo tanto, para que los buenos rasgos de carácter se conviertan en una parte inherente de tus pequeños y grandes personajes, debes actuar consistentemente de acuerdo con esas virtudes que deseas. Los sermones y hablar sobre cómo *deberían* ser tus hijos no te llevarán a ninguna parte. Como dijo el viejo Ralph Waldo Emerson: "No *digas* cosas. Lo que *eres* se alza sobre ti mientras tanto, y truena tanto que no puedo oír lo que dices en sentido contrario". Al parafrasear sus sabias palabras, nos dice: "Lo que haces habla tan fuerte que no puedo oír lo que dices".

La próxima vez que establezcas expectativas, asegúrate de seguirlas tú mismo a fondo.

Si quieres que ella sea diligente en terminar sus tareas, entonces termina de ordenar el armario que comenzaste hace dos semanas atrás.

Si quieres que él sea atento con los demás, sé atento tú. Cuando tenga un examen importante, escribe una nota que diga: "¡Tú puedes hacerlo!". Luego ponle una carita sonriente y métela en su mochila como sorpresa. Cuando la hija de un vecino se lesione, lleva una comida a la familia.

Si quieres que ella sea paciente, sé paciente tú. Ponerte de mal humor cuando algo pequeño salga mal no le enseñará a tu hijo a controlar su ira; sin embargo, contar hasta cinco y luego decir calmadamente: "Bueno, *eso* no es lo que esperaba. Necesitaré encontrar otra manera de hacerlo", ofrece una lección de vida sobre el balance.

Los niños son buenos imitando. Lo que dices probablemente saldrá de sus bocas. Lo que haces es un molde para su comportamiento.

TUS EXPECTATIVAS DEBEN SER RAZONABLES Y EXPRESADAS RAZONABLEMENTE

En un seminario reciente, una pareja de mediana edad me contó que tuvieron a su hijo tarde en la vida, después de estar ya establecidos en sus carreras. Deseaban que él se tomara más en serio sus metas. Cuando les pregunté qué querían decir con eso, me dijeron que él "desperdiciaba" su tiempo después de la escuela al no comenzar a hacer la tarea hasta después de la cena. Los fines de semana quería pasar tiempo con sus amigos en lugar de estudiar un idioma extra en la academia de los sábados en la que ellos tenían puesto el ojo.

"Necesita poder competir algún día por buenos empleos", me dijo su papá. "Eso significa aplicarse ahora para obtener las mejores calificaciones. Si puede mantener un 3.8 entrará en la mejor academia de secundaria. Luego, si puede mantener un segundo idioma los fines de semana y sacar un 4.0 allí, además de practicar un deporte, tendrá asegurado un lugar en una universidad de la Liga Ivy".

Ese niño solo tenía trece años, y sus padres ya tenían su vida planeada. ¿Eso es razonable? Si tú fueras ese niño, ¿no querrías participar un poco en elegir tus propias actividades y tu carrera profesional algún día?

Vivir la vida que desearías haber tenido a través de tu hijo no es justo para ese niño. Piensa en unos años atrás. ¿No odiabas cuando tus padres se metían en tus asuntos? Entonces, ¿por qué intentarías controlar la vida de tu hijo de esa manera?

Los padres actuamos con buenas intenciones, pero en nuestro afán de hacer que nuestros hijos sean los mejores, no les damos la oportunidad de intentar vivir la vida a su manera. Claro que a veces fracasarán, y otras veces tendrán éxito. Pero esos fracasos y éxitos son *suyos*.

Que tus expectativas sean escuchadas tiene todo que ver con cómo las expresas. A menudo actuamos como Moisés en la cima del monte sagrado, recolectando y después emitiendo edictos como si fueran los Diez Mandamientos: "Escuchen esto...".

Sin embargo, si haces tales proclamaciones, los oídos de tu hijo se cerrarán instantáneamente. Piénsalo. ¿Te gusta cuando la gente hace proclamaciones sobre lo que deberías hacer y te dice cómo debes hacerlo, sin tomar en cuenta tus ideas y sentimientos?

A tu hijo tampoco le gusta, sin importar cuántos años tenga. Al igual que tú, tu hijo es un ser humano con derecho a sus propias opiniones y sueños.

NECESITAS GANAR SU PARTICIPACIÓN

Si fomentas la participación de tu hijo según su edad, tus expectativas no solo serán escuchadas, sino que es más probable que se cumplan.

Supongamos que tienes tres hijos. ¿Cómo podrías fomentar y ganar su participación para que lleguen a sus propias conclusiones en lugar de que tú les des una charla?

Niño 1. Tu hija más pequeña tiene seis años. Realmente quiere un cachorro y está presionando mucho. Le pides que haga una lista de lo que necesitaría para ocuparse de ese cachorro. Cuando termina, te sientas a su lado y repasas la lista punto por punto. Elogias sus ideas e introduces lentamente otros conceptos, como: "¿Qué crees que deberíamos darle de comer a ese perrito? ¿Dónde conseguiríamos su comida? ¿Cuánto costaría?".

SI FOMENTAS LA PARTICIPACIÓN DE TU HIJO SEGÚN SU EDAD, TUS EXPECTATIVAS NO SOLO SERÁN ESCUCHADAS, SINO QUE ES MÁS PROBABLE QUE SE CUMPLAN.

Haz que ella investigue cuánto come cada semana un cachorro de la raza que quiere y cuánto cuesta esa comida. Ella puede comprobar cuánto dinero tiene ahorrado y pensar cuántas semanas o meses podría alimentar al cachorro. Además, haz que piense en un horario para cuando tenga que sacarlo a pasear y alimentarlo.

Cuando haya completado todos esos pasos, di con una sonrisa: "Probemos un par de semanas. Podemos usar uno de tus animales de peluche. ¿Cuál de ellos te gustaría usar? Puedes pensar en comida de juguete, recipientes de agua y comida, y una correa. Separa en un lugar el dinero que gastarás cada día en ese perro. Tú estás a cargo. ¿Por qué no le pones un nombre a tu perro?".

Entonces observas a tu hija de seis años mientras recorre el proceso de cuidar de ese animal de peluche como si fuera un perro de verdad. Cuando se olvide de darle comida en la mañana, regresará a la casa y lo encontrará tumbado de costado delante del plato de comida vacío.

"Supongo que tu perrito no se siente muy bien. Tiene mucha hambre porque no comió nada esta mañana", le dices.

Observa que no dices: "Te olvidaste de alimentar al perro". Meramente señalas el descuido.

Al final de esas dos semanas, tendrás una niña de seis años mucho más sabia que entiende que ocuparse de una mascota requiere mucho trabajo. También habrá visto que el dinero que tiene de su mesada y su cumpleaños desaparece rápidamente hacia el otro recipiente.

¿Y tú? Te has ahorrado una gran cantidad de dinero y molestias. No estarás haciendo lo que la mayoría de los padres termina haciendo: asumir el cuidado total de la mascota que su hijo quería y pronto descuidó.

Niño 2. Tu hijo del medio tiene diez años. Quiere ir a un campamento este verano, pero tienes un presupuesto ajustado. Cinco días en el campamento cuestan 250 dólares, y solo faltan tres meses.

Le dices a tu hijo: "La abuela y el abuelo dijeron que pondrán 125 dólares. Entonces, ¿cuánto te falta por recolectar?".

Tu hijo hace los cálculos. "Falta 125 dólares".

"¿Tienes alguna idea para conseguir el dinero?", le preguntas.

Se le ocurre algo. "¡Ya sé! Puedo pedirle a la señora Jasper si puedo recoger ramas y hojas de su jardín".

Asientes. "Buena idea".

Tu hijo corre emocionado a la casa de la vecina, quien acepta el trabajo.

Ese fin de semana, él recoge ramas y hojas todo el sábado y regresa a casa con diez dólares. Le sugieres que podría llevar un registro en papel de lo que le falta por ganar y que guarde su dinero en un lugar seguro.

A medida que le surgen nuevas ideas, tú escuchas y propones otras sugerencias. Observas cómo la motivación de tu hijo para hacer cualquier tipo de trabajo aumenta.

Un mes antes del campamento, todavía le faltan por ganar 75 dólares, y sus fines de semana han estado tan ocupados que no ha podido jugar con sus amigos. No va tan bien ni tan rápido como esperaba. El desaliento se ha instalado.

Le das un abrazo. "Veo cuán duro estás trabajando. Ganar dinero es bastante difícil, ¿verdad?".

"Sí". Él suspira.

Cada viernes, tú y tu familia piden comida para llevar. Cada uno de tus hijos elige una vez al mes, y tú eliges el viernes restante. Es su viernes y sabes que querrá pizza, pero se acerca a ti y dice: "¿Está bien si no pedimos pizza y usamos el dinero que habría costado para mi campamento?".

"¡Claro!" dices. "Pero todos necesitamos comer. ¿Tienes alguna sugerencia?".

Tu hijo hace espaguetis él solo por primera vez. No es gourmet, pero esos espaguetis ligeramente pasados con salsa enlatada te hacen sonreír por la lección que está aprendiendo sobre el dinero.

Una semana después, tu hijo se acerca de nuevo. "El campamento es realmente caro. Estaba pensando que tal vez mis amigos y yo podríamos hacer nuestro propio campamento este verano. Jugaremos juegos y haremos pijamadas en las casas de cada uno. ¿Crees que podrías hacer la cena la noche que se queden a dormir en nuestra casa? Los chicos y yo vamos a juntar dinero para comprar bocadillos. Tú podrías usar el dinero que gané para hacer la cena".

Sonríes. Mira lo que ha aprendido tu hijo solo porque jugaste con su sueño, pero no le diste una salida fácil. Ahora entiende el trabajo duro y que el dinero no crece en los árboles. Él mismo ideó una solución creativa para tener un ambiente similar al de un campamento. Será un recuerdo que nunca olvidará porque fue su decisión.

Niño 3. Tu hijo mayor obtuvo su licencia de conducir hace un mes. Es buen estudiante y muy responsable, pero durante tres fines de semana consecutivos ha estado desaparecido con el auto de la familia. Es hora de hacer que regrese, ya que hay lugares a los que necesitas ir.

Sin embargo, sabes que establecer reglas sobre el uso del auto de la familia podría tener el efecto contrario si él resiente que le limitas su libertad recién adquirida; por lo tanto, dices casualmente: "Me preguntaba cuáles son tus planes para el fin de semana. Como somos cinco en la familia y necesitamos ir a lugares los fines de semana, ¿qué te parece que sería justo en cuanto a que uses el auto?".

Él traga saliva y piensa. "Eh, ¿qué tal si uso el auto una vez al mes? ¿Estaría bien?".

Te inclinas para lanzar una sorpresa. "Honestamente, estaba pensando que un par de veces al mes sería más justo".

Tu hijo parpadea, sorprendido. Este trato es mejor de lo que había imaginado.

"No importa si es viernes en la noche o sábado en la tarde o noche", añades. "Mientras podamos organizarlo un par de días antes para que todos lo sepan, y tu mamá y yo no nos quedemos sin auto para hacer algún mandado necesario".

"¿Qué tal si descargo una página del calendario cada mes y todos marcamos cuándo nos gustaría usar el auto?", sugiere él.

"¡Excelente idea! Esa sería una manera fácil para que todos estén al tanto y agreguen sus propios eventos".

¿Ves cuán fácil es ganar la participación y el favor de un adolescente? Puedes estar seguro de que ese jovencito cumplirá con las nuevas expectativas, especialmente porque él mismo ayudó a establecer las reglas.

Cuando nosotros, los Leman, usamos este método en nuestra casa con nuestros cinco hijos, funcionó bien cada vez.

Cuando involucras a los niños y les permites ser parte de las decisiones familiares, ellos mismos son mucho más exigentes consigo mismos de lo que tú podrías ser. Y cuando ganas su favor de esta manera, ¿sabes lo que piensan? *Mis padres son los más geniales.*

Con cada uno de tus hijos, pusiste la pelota de la vida directamente donde debía estar en esas situaciones: en su cancha. Como ellos fueron los que no solo participaron sino que también manejaron esas decisiones, no tuvieron espacio para quejarse de lo que no era justo. Experimentaron los pasos en el camino y las consecuencias por sí mismos.

Ahora, ¿no es eso mucho mejor que si ellos lanzan *hacia ti* una bola con efecto? ¿O que tú les lanzaras una bola rápida esperando que la atrapen?

UNA COMBINACIÓN GANADORA

Cultiva un carácter sólido como una roca en tus hijos, y los beneficios serán abundantes. Si tus hijos tienen rasgos de carácter impulsados por la virtud incorporados en su experiencia en casa, podrán soportar cualquier tormenta que enfrenten como niños, adolescentes o adultos. El carácter es el fundamento para cualquier cambio de conducta transformador. Ambas cosas están entrelazadas integralmente.

Si tus hijos adquieren la capacidad de discernir, sabrán qué hacer, cuándo hacerlo, cuándo no hacerlo, y cómo sortear cualquier situación. Cuando un compañero tonto diga: "Apuesto a que podrías saltar desde este techo y no te lastimarías. Juanito lo hizo desde el suyo y está bien", tu hijo más sabio que el promedio responderá: "No lo creo. Sé matemáticas básicas. La casa de Juanito tiene un solo piso, y la mía tiene dos pisos. Además, esa es una idea tonta, y mi papá me dijo que no siga ideas tontas. Yo no soy un pájaro, y no puedo volar".

Si tus hijos son pacientes, no estarán saltando de un pie a otro y metiéndose en tu cara como una ardilla molesta, diciendo: "Mamá, ¿podemos? ¿Podemos? ¿Eh? ¿Eh? ¿Eh?". Ellos tomarán tu no como un no. Por supuesto, si muestras alguna señal de consentimiento, intentarán esa táctica de nuevo más tarde. Después de todo, son niños. Tienen más fuerza de voluntad y determinación de lo que muchos de nosotros podemos creer. Nosotros nos cansamos mucho más rápido. Esa fatiga es con lo que los niños realmente cuentan, de hecho.

Recuerda tu objetivo final. Cuando tus hijos tengan la resistencia necesaria para el largo camino, podrán soportar las turbulentas olas de los cambios en su cuerpo. Incluso cuando la cadena de chismes y la aceptación de los compañeros cambien con la misma frecuencia con la que cambian de ropa interior, no se sentirán desanimados porque saben que te pertenecen a ti y que los respaldas.

Si tienen una autoestima saludable, no cederán cuando un compañero de clase les dé la oportunidad de hacer trampa en un examen. Tu hija ya sabe las recompensas de trabajar duro y dar su mejor esfuerzo. Claro, puede que saque una calificación baja en ese complicado examen en una materia que le resulta difícil, pero sabe que la apoyas y celebras sus mejores esfuerzos. Eso es mucho mejor que sacar una calificación sobresaliente y preguntarse si los demás descubrirán que hizo trampa. O, peor aún, pensar que se salió con la suya y probarlo de nuevo en la universidad o en el trabajo, donde las consecuencias probablemente serán mucho peores.

Cuando tienen autocontrol, no harán impulsivamente lo que lamentarán más tarde. Tu hijo no aprovechará la desgracia de un acosador, aunque ese acosador lo merezca. Él tomará el camino correcto con un "lo siento por tu pérdida" bien dicho y una mirada directa a los ojos de ese matón antes de alejarse. No permitirá que las acciones de los demás lo controlen.

Cuando tienen moderación, no comerán poco para parecerse a un modelo ni comerán en exceso porque están tristes o no tienen amigos. No dormirán poco ni dormirán demasiado. No harán ejercicio en exceso ni se quedarán sedentarios. Aprenderán a manejar el estrés sin desquitarse con los demás, golpear paredes o cortarse el cuerpo en lugares que creen que tú no notarás.

Cuando tengan valentía y fortaleza interior, se mantendrán firmes como un león contra cualquiera que intente aprovecharse de ellos. No permitirán que los usen o maltraten. Ella no tolerará a un novio acosador. Él no se unirá a una pandilla. Ella no aceptará lo que otros piensan que es, sino que decidirá quién es y actuará en consecuencia. Él no temerá lo desconocido que se presenta cuando no es aceptado en una universidad, sino que forjará un nuevo camino.

Cuando tengan un sentido de justicia y equidad, lucharán por lo que es correcto y defenderán a los demás que enfrenten discriminación. Él dirá "basta" cuando sus amigos se burlen del niño nuevo. Ella abrazará al hermano de su mejor amiga que tiene síndrome de Down frente a sus amigos y lo apartará para conversar con él. Ella ignorará los chismes en redes sociales y formará sus propias opiniones sobre los demás.

Cuando sean amables y humildes, serán los que sacan una silla y se sientan junto a una persona solitaria. Él traerá a casa a ese perrito perdido empapado de lluvia. Ella abrazará a su hermanito que le tiró sus audífonos al inodoro y lo ayudará a encontrar un juguete perdido. Él sacará la mejor calificación de su clase pero te lo dirá solo a ti. Ella compartirá solamente buenas palabras acerca de sus compañeros de clase. Él se negará a participar en juegos donde tenga que mostrarse con aires de superioridad ante los demás.

Cuando tengan sabiduría, serán aquellos a los que sus amigos acudirán en busca de consejo, en lugar de buscar a aquellos compañeros a menudo desinformados o equivocados. Ella será con quien puedes contar para que nunca revele tus secretos. Él se mantendrá calmado incluso cuando esté bajo presión.

Cuando sean generosos, darán su tiempo y recursos a aquellos que tienen menos o que necesitan apoyo emocional o físico. Ella será la niña de seis años que comparte su almuerzo con el nuevo niño de la escuela que olvidó el suyo. Él será el joven de diecisiete años que detiene su auto al lado de la carretera para ayudar a cambiar una llanta a una mamá soltera varada con tres niños pequeños.

Cuando tengan fe, esperanza y amor, no abandonarán esos rasgos ni siquiera en circunstancias difíciles. Sí, pueden vacilar, pero no cederán.

Como dijo el querido entrenador de la UCLA, John Wooden: "Preocúpate más por tu carácter que por tu reputación, porque tu carácter es lo que realmente eres, mientras que tu reputación es solo lo que otros piensan que eres".

Cuando tus hijos vivan en un hogar impulsado por virtudes, donde asimilen de manera natural rasgos positivos y fundamentales, el buen carácter se convertirá en parte de su ADN, por así decirlo, y el buen comportamiento seguirá de manera natural.

ESTRATEGIA 3

DA Y RECIBIRÁS

Cómo el respeto y una actitud ganadora liberan poderosamente la motivación de tu hijo.

A petición de un maestro, visité recientemente una clase de alumnos de sexto grado para hablar acerca de un tema sorprendente: cuánto odiaba yo la escuela cuando era niño. Para demostrar que en aquellos días yo era demasiado genial para la escuela, incluso modelaba mi forma de caminar con estilo, balanceando los hombros de manera impresionante de un lado a otro.

"Pensaba que me veía bien, pero solo era un necio —les dije a los niños—. Mi principal objetivo en la vida era que me observaran, y hacía cualquier cosa para lograrlo".

Yo tenía una hermana perfecta, ocho años mayor, y un hermano casi perfecto, cinco años mayor. Ellos ya tenían una ventaja sobre mí, el bebé de la familia, y nunca podía alcanzarlos. Sally y Jack estaban llenos de buena conducta y excelentes calificaciones, ocupaban los mejores puestos en las organizaciones y equipos de la escuela, e incluso lograban ser útiles en casa.

Yo no podía competir, así que hice lo que pude. Decidí trazar un camino diferente en la vida. Jack era el capitán del equipo de fútbol, y Sally era la animadora principal. ¿Yo? Yo era la mascota de la escuela que podía correr al campo y entretener durante el medio tiempo.

Cuando ese camino resultó exitoso, mi mantra de "tengo que hacer que la gente me observe" se arraigó. Me convertí en el niño presumido de la escuela. Hacía que la gente me prestara atención porque yo *hacía* que lo hicieran.

No fue hasta mucho más adelante en la vida, hacia el final de la escuela secundaria, cuando me di cuenta de que tenía algunas habilidades que otros no tenían. Ese descubrimiento ocurrió porque la maestra que mencioné antes, quien me había visto meterme en problemas muchas veces, me llamó aparte y me dijo que podría hacer algo de mí mismo si lo intentaba. En lugar de etiquetarme como un problema, ella me mostró respeto como a un ser humano que, al igual que todos los demás, tenía algunas cosas que resolver acerca de la vida.

Esa maestra también tenía una actitud ganadora. Ella creía que incluso un niño como yo podía contribuir al bienestar de los demás en el planeta Tierra. Me instó a mirar más allá de mí mismo y de mi constante búsqueda de atención para identificar cuáles eran mis talentos y metas en el largo plazo.

Al mirar atrás, esa conversación fue un hito significativo, lo que me llevó a ser más intencional sobre mi vida.

Cuando los niños se ven a sí mismos como dignos de respeto y útiles, no tienen necesidad de patrones negativos, autodestructivos o para llamar la atención.

POR QUÉ EL RESPETO COMIENZA CONTIGO, NO CON TU HIJO

Si compras o adoptas un cachorro, ¿esperas un año para comenzar a entrenarlo? No, para obtener los mejores resultados comienzas a entrenarlo de inmediato. Los niños son más parecidos a los cachorros de lo que podríamos pensar. También necesitan entrenamiento.

La última vez que visité a niños de segundo grado, estaban ocupados hablando entre ellos cuando entré en el salón de clase. No hice un anuncio de mi presencia. No dije: "Está bien, niños, cálmense. Un adulto está presente". Simplemente me quedé de pie hasta que observaron que estaba esperando para hablar con ellos.

Cuando el salón quedó en silencio, sonreí y dije: "Estoy muy orgulloso de ustedes, muchachos. No sabían que vendría, y les tomó un poco de tiempo calmarse. Pero ahora están todos callados, y quiero darles las gracias por su respeto. Ahora, vamos a divertirnos un poco".

En medio de toda esa diversión, algunos de los niños se emocionaron tanto que comenzaron a hablar unos encima de otros, así que establecí algunas reglas básicas. "Cuando uno de ustedes hable, quiero escuchar. Eso significa que los demás también tendrán que escuchar en lugar de hablar, o tendré dificultades para escuchar. Yo les mostraré la misma cortesía cuando ustedes me hablen".

A medida que cada niño hablaba, yo daba un paso hacia él, me ponía la mano en la oreja y me inclinaba para escuchar. Eso, padres, es respeto. No se puede captar como un concepto a menos que no solo se enseñe sino que también se modele con el ejemplo.

Los niños son hedonistas por naturaleza. Piensan en ellos mismos y solo en ellos mismos, a menos que se les enseñe lo contrario; sin embargo, un intento único no cambiará las cosas. Los niños necesitan *ver* el respeto en acción de manera continua. Si no saben qué es el respeto, ¿cómo puedes esperar que te lo muestren?

El respeto es una calle de doble sentido. Tienes que darlo para recibirlo. Solo porque seas el papá o la mamá y ellos los hijos, no significa que empiecen a respetarte automáticamente. Temor a las consecuencias por acciones negativas no es lo mismo que respeto.

Los padres que dicen: "¡Será mejor que me respetes, jovencito [jovencita]!", están equivocados. Nunca obtendrán respeto de ese modo.

EL RESPETO ES UNA CALLE DE DOBLE SENTIDO.
TIENES QUE DARLO PARA RECIBIRLO.

El respeto no solo se enseña a través de modelarlo, sino que se gana pasando tiempo juntos. El respeto es una *relación* que se construye desde las primeras interacciones, en la que se toman en cuenta los sentimientos, pensamientos y deseos de los demás. Sí, puedes ser bastante diferente de esa persona, pero ves sus cualidades admirables y aprecias sus logros.

A medida que tus hijos escuchan tus palabras y observan tus acciones, están ocupados evaluando estos conceptos:

- ¿Cumples lo que dices que harás? ¿Puede contar contigo?
- ¿Eres justo y de mente abierta? ¿Escuchas su versión de los hechos antes de reprenderle o imponer un castigo?
- ¿No solo lo escuchas, sino que buscas activamente sus ideas? ¿O estás demasiado ocupado con tus propios asuntos como para dedicarle tiempo?
- ¿Le permites tomar sus propias decisiones o las tomas por ella? ¿Qué dice esa acción sobre lo que piensas que ella es y lo que es capaz de hacer?

SIETE GRANDES "NO" QUE LOS PADRES HACEN

1. No te excedas con tus hijos para ganar su afecto. Los regalos nunca reemplazan el tiempo, la atención y el amor incondicional.
2. No seas crítico; deja eso para un juez. Mantente al margen de los asuntos de tus hijos.
3. No trates de ser amigo de tus hijos en lugar de ser su papá o su mamá.

4. No hagas por ellos lo que deberían hacer por sí mismos. Eso les dice que son torpes, incapaces o ambas cosas.
5. No los trates como "menos que tú" solo porque son jóvenes.
6. No hagas que tus hijos mayores cuiden a los menores. Ese es tu trabajo.
7. No seas un "sabelotodo". Ese es el trabajo de tu hijo adolescente, hasta que se dé cuenta de que realmente no lo sabe todo.

Las respuestas de tus hijos a esas preguntas ayudan a moldear quién creen que eres y quién creen que son ellos. También influyen directamente en tu relación con ellos, su autoestima y su potencial para el éxito. Si les muestras respeto, tienden a devolverlo y desarrollan una autoestima fuerte que los impulsa a superar cualquier situación con un balance saludable.

Por lo tanto, tu modo de crianza tiene todo que ver con el éxito de tus hijos en la vida. Sin embargo, ¿de dónde viene tu estilo de crianza?

¿QUÉ TIPO DE PADRES TUVISTE?

Los padres tienden a encajar en uno de tres tipos básicos, a menudo influenciados por su trasfondo y el tipo de crianza con el que fueron criados. Si hay dos cónyuges en la casa, cada uno puede tener un estilo diferente, y a menudo opuesto. Las palabras que los padres eligen usar revelan su tipo básico.

Cuando creciste, ¿cuál de los tres conjuntos de comentarios a continuación eras más propenso a escuchar del padre con el que más interactuabas?

CONJUNTO 1

- “Cómelo. Es bueno para ti”.
- “Es hora de ir a la escuela. Nada de peros ni excusas. Nos vamos”.
- “¿Qué pasó con tu mochila? Te dije que no la perdieras”.
- “No te atrevas a cuestionarme. ¡Soy tu madre [padre]!”.
- “Sacaste una calificación baja. Muy baja. Espero más de ti, jovencita. No vas a llegar a nada en la vida con ese esfuerzo tan mediocre”.
- “Vuelve aquí en este instante. No me vas a tratar así. Y no te atrevas a golpear esa puerta. Si lo haces, estarás un mes castigado”.
- ¿Los niños en la escuela fueron malos contigo? Bueno, es problema tuyo. ¿Por qué no te defendiste?”.

CONJUNTO 2

- “Ah, ¿no te gustan los macarrones con queso? Creí que te encantaban. Te prepararé otra cosa”.
- “No pasa nada si llegas tarde a la escuela. Sé que has estado cansado. Escribiré una nota y diré que...”.
- “¿Dejaste tu mochila afuera bajo la lluvia? No te preocupes. Vamos después de la escuela y te compro una nueva”.
- “Lo siento si te hice sentir mal. ¿Qué puedo hacer para compensarlo? ¿Quieres ir por un helado? ¿Pizza?”.
- “¡Oh, sacaste un suficiente en gimnasia! Pues, ¡eso es genial! Al menos aprobaste una asignatura. Deberíamos celebrarlo”.
- (Tu padre te sigue por el pasillo y se queda afuera de la puerta que cerraste de golpe.) “Sé que no querías gritarme. Solo estás molesto. ¿Quieres hablar de ello? ¿Cómo puedo ayudarte?”.

- "¿Quién te lastimó? ¿Qué hicieron? ¿Necesito hablar con su mamá?".

CONJUNTO 3

- "Sé que lo que comiste no es tu verdura favorita, pero es la favorita de tu hermano, y esa fue su elección hoy. Mañana es tu día para elegir. Pasado mañana es el día de papá".
- "Sí, veo que ya son las 8:00 y llegarás tarde a la escuela. Mañana podrías pensar en poner tu alarma más temprano. ¿Quieres que te lleve? Necesitarás explicar por qué llegaste tarde a clases".
- "Claro, puedes comprar una mochila nueva. Revisa cuánto te queda de tu mesada y yo te llevo a comprar una. Tendrás que encontrar una que se ajuste a tu presupuesto".
- "Está bien y es muy normal tener opiniones diferentes sobre un tema. Eso es algo bueno, porque conduce a discusiones interesantes. Todos podemos ser más inteligentes escuchando perspectivas más amplias; sin embargo, lo que no está bien es tratarnos con falta de respeto".
- "¡Sacaste una buena calificación! Eso es fabuloso. Felicitaciones. Sé que la química es una materia difícil para ti, pero todo ese trabajo extra está dando frutos. Bueno, ¿qué quieres hacer para celebrarlo? No puedo esperar a que se lo cuentes a mamá cuando llegue a casa. Ella también se va a emocionar por ti".
- "No agradezco el tono que usaste conmigo esta mañana. De hecho, decirme que me odiabas hirió mis sentimientos, así que no tengo ganas de llevarte a la casa de tu amigo ahora, ni a ninguna otra hora".
- "Parece que tuviste un día difícil en la escuela. Si alguna vez quieres hablar de ello, soy todo oídos. Pero si necesitas tiempo para ti mismo para procesarlo, lo entiendo. Yo también necesito tiempo para procesar antes de hablar con los demás".

Tal vez tuviste otra persona en casa que hacía las veces de mamá o papá, tal vez visitabas a uno de tus padres los fines de semana o durante las vacaciones, o tuviste un padrastro mientras crecías. ¿Cuál de los conjuntos de comentarios anteriores se parecía más a ellos?

POR QUÉ HICIERON LO QUE HICIERON Y DIJERON LO QUE DIJERON

Recuerda lo que mencioné antes sobre el comportamiento, que un niño solo sigue haciendo algo si funciona. Lo mismo es cierto para los padres. Solo continúan con su comportamiento si les está proporcionando algo.

PADRE 1. "SÉ LO QUE ES MEJOR, ASÍ QUE HAZ LO QUE YO DIGO".

Estos padres toman decisiones *por* sus hijos; después de todo, ellos son los padres. Han vivido más tiempo, así que, por supuesto, son más inteligentes. Se sienten más cómodos tomando todas las decisiones y anunciando cómo deberían discurrir los acontecimientos.

Si tuviste un papá o una mamá así, estabas acostumbrado a vivir con miedo de las consecuencias de desagradar a mamá o papá. Si te atrevías a cuestionar su juicio, te decían: "Haz lo que te digo". Si te atrevías a ir en contra de uno de sus dictados, estar castigado durante el próximo mes era la menor de tus preocupaciones.

Cuando creciste, tendías a manejar tus propios problemas antes de que tu papá o tu mamá se enteraran. Si no lo hacías, sabías que podrías morir socialmente frente a tus compañeros si él o ella aparecía para solucionar el problema por ti.

También caminabas con cautela cerca de ellos, ya que tendían a ser bastante volátiles. No se te permitía levantar la voz porque eras un niño, pero esa misma regla no se aplicaba a ellos como padres.

En público, este padre o madre parecía el "Padre del Año" porque parecía apoyar y siempre estar de tu lado; sin embargo, tras bambalinas sentías que estabas constantemente bajo presión. Tus calificaciones nunca eran lo suficientemente buenas. Eras un fracasado si no conseguías el primer puesto en violín o ganabas la cinta azul en la competencia de atletismo. Todos los días sentías que los decepcionabas porque *tú* no eras lo suficientemente bueno. Seguías alcanzando esa barra elevada del perfeccionismo que siempre se movía más arriba, sin importar el nivel que alcanzaras.

Cuando señalaban tus fracasos y te daban un sermón sobre trabajar más para tener éxito (ya que nada en la vida es gratis) aprendías a asentir como respuesta hasta que terminaban de reprenderte. Ya habías aprendido de la manera difícil que lo mejor era no decir nada y simplemente soportarlo; pero no podías esperar para irte y ser independiente.

Lo que hacías fuera de su ojo vigilante probablemente les asombraría si lo supieran, pero esas acciones eran lo único que podías reclamar como propio, ya que ellos nunca te permitieron tomar decisiones. Después de todo, eras torpe, podrías fracasar y podrías avergonzarlos.

Una vez que te mudaste de casa, no querías regresar, excepto cuando te obligaban a hacerlo para una temida comida navideña. Entonces soportabas a tu papá o tu mamá diciéndote por qué lo que hacías no era lo suficientemente bueno y que deberías intentarlo otra vez, o dándote detalles sobre cómo ser un mejor padre o madre.

Aunque ahora tengas cuarenta años, sabes que nunca serás lo suficientemente bueno para ellos. Por un lado, sientes el peso de decepcionarlos. Por otro, has construido un grueso muro de resentimiento. En la superficie sonríes e interactúas, pero todo lo que realmente quieres es salir de allí e irte a tu casa.

Los varones que desde bebés aprenden que los hombres son la cabeza del hogar y que las mujeres son sumisas tienden a ser un gran porcentaje de estos padres autoritarios; sin embargo, las mujeres no son inmunes a esta tendencia.

Una estilista me dijo que dejó de atender a una de sus clientas porque esa ejecutiva llevaba a sus dos hijos a cortarse el cabello y les daba lecciones durante todo el tiempo, delante de todos los demás clientes, por lo que pensaba que habían hecho mal ese día. Al niño de siete años lo llamó un "perdedor sin capacidad de atención" por haberse levantado de su silla para investigar una mariposa fuera de la ventana. A la niña de nueve años la llamó un "fracaso" porque no había ganado un lugar en el concurso de ortografía de su grado.

Un fotógrafo que estaba haciendo una sesión para una agencia de modelos me contó que le dijo a la agencia que había prohibido a una mamá participar en una sesión después de un desafortunado suceso. Cuando la hermosa niña de trece años estaba en su descanso para el almuerzo y el coordinador del evento había proporcionado sándwiches de pavo, la madre le quitó la comida de la mano. "No comas eso. Te vas a poner gorda. Y si te pones gorda, no podrás tomar fotos. Entonces no valdrás nada".

SOLUCIONES DE 10 SEGUNDOS DEL DR. LEMAN

Pregunta: La palabra favorita de mi hijo de seis años es "no". Pídele que haga cualquier cosa, y esa será su respuesta, como si estuviera programado. ¿Cómo puedo cambiar su conducta? Se está haciendo mayor muy rápido.

Respuesta: Bueno, su respuesta *está* preprogramada, y tú has hecho un buen trabajo reforzando esa programación. Si no lo crees, déjame preguntarte: ¿qué pasa cuando tu hijo dice "no"? ¿Tu presión arterial sube, te vuelves más enérgica y salen de tu boca palabras como: "Soy tu madre. Lo que yo diga es lo que vale, así que vas a..." o "Póntelos ahora mismo. No lo voy a repetir". ¿Es correcto?

Ese niño te está provocando, y estás cayendo justo en la trampa. Te tiene dominada.

En lugar de lo que siempre haces, prueba esto: la próxima vez que él diga "no" a una petición, simplemente di: "Está bien". Entonces aléjate. Vas a confundir por completo al niño. A los niños les encanta el ritual, y acabas de romper uno de los suyos.

Probablemente correrá tras de ti pensando "¡pero tú deberías decir X, y luego yo digo Y! ¡Hazlo bien!".

Tú sigue caminando. Puede que se ponga frenético, pero tú no te detienes. Te pones a hacer algo más y lo ignoras. Cuando quiera hacer algo después, le dices "no" con firmeza.

"Pero ¿por qué no podemos?", se quejará.

Te volteas para mirarlo. "Porque no me gustan todas las veces que me dices no. No se siente muy bien, ¿verdad?".

Él dará marcha atrás con todo tipo de tácticas: "Te quiero, mamá". "No lo quise decir". "Lo siento". Y una de las peores para las mamás: abrir el grifo de las lágrimas.

Aun así, no cedes. No haces lo que él te pide.

Él aprende que lo que dice mamá, lo dice de veras.

La próxima vez que abra la boca para decir "no", probablemente lo pensará un poco. Si es muy testarudo y quiere una segunda ronda, repites las mismas tácticas. No es divertido hacer lo que ya no funciona, así que al final se rendirá.

Los padres autoritarios a menudo controlan a sus hijos debido a su propio miedo a que sus hijos no tengan éxito (la mujer ejecutiva luchó para llegar a la cima siendo dura) o a que no sean lo suficientemente buenos (la mamá de la modelo siempre quiso ser modelo pero nunca lo consiguió, a pesar de intentarlo durante un par de años cuando era adolescente). Algunos mantienen un control estricto sobre sus hijos porque es la única manera que saben de ser padres.

PADRE 2. "NO TE PREOCUPES, CARIÑO. YO ME OCUPARÉ DE ESO POR TI".

Estos padres toman decisiones por sus hijos porque no quieren que ellos sufran nada incómodo o inconveniente; sin embargo, al hacerlo, hacen lo mismo que el Padre 1: le quitan a su hijo la capacidad de tomar decisiones y experimentar las consecuencias de esas decisiones ahora. En lugar de ello, recién tomarán sus decisiones más adelante, cuando las consecuencias pueden ser mucho más graves.

Estos son los padres que se involucran en exceso y que viven para sus hijos en lugar de para sí mismos. Sin sus hijos y su rol como mamá o papá, no están muy seguros de quiénes son o qué deben hacer. Así, cada pequeña cosa que el hijo diga, haga o experimente, les influye directamente, como si les hubiera sucedido a ellos.

Son grandes rescatadores. "Sé que tuviste un día largo en la escuela. Yo alimentaré al perro y me encargaré de los platos esta noche. No necesitamos contarle a tu padre sobre esto. Tú ve y descansa un poco".

Son ciegos a la verdad sobre su hijo, incluso cuando está justo frente a sus ojos. "Susy no es así. Ella nunca crearía una cuenta falsa en redes sociales ni atacaría a otra muchacha con un lenguaje así. No hay modo de que tu información sea correcta". Tal ceguera los hace increíblemente "leales", lo cual puede ser beneficioso para el hijo en el corto plazo, pero no ayuda en el largo plazo cuando la muchacha a la que Susy difamó en redes sociales se lo dice a su mamá, y esa mamá obtiene pruebas y contrata a un abogado.

Son expertos en manipular la verdad en favor de su hijo. "Estoy seguro de que José no quiso golpear a ese niño. Su cara debió haber chocado un poco con el puño de José cuando se cayó. Ya sabes, los niños a veces se pelean. No es gran cosa".

Son maestros en tratar de suavizar el alboroto. "Sabes que no quiso decir lo que dijo. Estaba simplemente molesta. Se le pasará. Tú la perdonas, ¿verdad?".

Despejan el camino de su hijo. "Johnny tenía dolor de estómago, así que no pudo estudiar para su examen de matemáticas. ¿Puede tomar el examen la próxima semana o tal vez saltarse este?".

Le recuerdan a su hijo: "Ahora, Henry, dile gracias a la abuela por ese bonito regalo que te dio".

Tratan con muchas ganas de ser el amigo de su hijo, lo cual puede ser embarazoso especialmente cuando ese hijo es un adolescente y su mamá decide apoyarlo en su partido de fútbol, llevando puesta una camiseta que dice "Orgullosa de ser la mamá de Johnny" y llevando pompones con los colores de su escuela.

Cuando hay dos padres en la casa, uno suele ser autoritario y el otro permisivo. Cualquier niño que tenga al menos el 1 por ciento de cerebro aprenderá a jugar magistralmente el juego de la manipulación.

Tu hijo quiere una nueva patineta. ¿Qué hace? Espera a que papá autoritario salga por la puerta para ir a trabajar y convence a mamá permisiva no solo de llevarlo a la tienda después de la escuela, sino también de pagar la patineta con su fondo para la compra del mes.

Tu hija quiere ir a un concierto que sabe que a mamá autoritaria no le gustaría. ¿Qué hace, entonces? Cuando mamá está ocupada con su hermano, ella corre al jardín donde papá permisivo está arreglando algo. "Papá", dice, "estaba pensando que no paso suficiente tiempo contigo. Me preguntaba si estarías dispuesto a llevarme, y también a un par de amigos, al concierto mañana. Pensé que después de dejarlos, tú y yo podríamos ir a comer algo y conversar". Lo engancha como un pez que no tiene idea de cómo fue atrapado.

SOLUCIONES DE 10 SEGUNDOS DEL DR. LEMAN

Pregunta: Mi hija odia las matemáticas. Siempre que intento ayudarla, llora o se enoja. Dice que es demasiado difícil y que no se le dan bien. ¿Cómo puedo ayudarla a superar esto?

Respuesta: ¿De quién es la tarea? Es de ella. Tú ya cumpliste tu tiempo en la escuela. Las matemáticas pueden no ser lo suyo, pero saber algo de matemáticas es una necesidad en la vida. Intentar "ayudarla" pondrá una barrera entre ustedes que afectará otros aspectos de su relación.

Es mucho mejor conseguir un tutor externo que pueda pasar unas horas por semana con ella después de la escuela, de manera que le dé una perspectiva diferente sobre esa materia que odia.

Tú proporcionas los aperitivos y las sonrisas.

Los padres permisivos pueden parecer pusilánimes; sin embargo, en realidad son padres muy controladores y autoritarios, pero en la dirección contraria. Para asegurar el éxito de su hijo, controlan lo que experimenta y suavizan cualquier obstáculo antes que se le presente.

Tomemos el ejemplo de Karen. Sus padres la tuvieron cuando ya estaban un poco mayores, después de que los otros dos hijos casi dejaban el nido hogareño. Ella recibió toda la atención, para su propio perjuicio. Su mamá, con la mentalidad "todos debemos llevarnos bien", se esforzaba por deshacer en secreto cualquier declaración que su padre (el señor "hazlo a mi manera o no lo hagas") había hecho. Mamá tenía buenas intenciones, pero sus tácticas socavaban la capacidad de Karen para manejar a personas difíciles como su papá.

Cuando más adelante un jefe le reprendió por no haber completado un trabajo y acudió a sus compañeros para pedir ayuda, no la apoyaron como siempre lo hacía mamá.

Los padres que dicen "yo me encargaré de eso por ti" arrebatan la responsabilidad y el valor que trae hacer bien un trabajo, debilitan la capacidad de su hijo para evaluar opciones y tomar buenas decisiones, y demoran las lecciones aprendidas por tomar malas decisiones.

PADRE 3. "DEJA QUE LAS CONSECUENCIAS NATURALES HABLEN".

Estos padres no toman decisiones automáticamente por sus hijos. Manejan una *autoridad correcta* porque ponen la pelota de la autoridad en el campo donde debe estar, en lugar de siempre sostenerla como lo haría un padre autoritario o permisivo. Claro que cuando entregan esa pelota a su hijo, a veces rebota un poco. Incluso puede salirse de los límites. Pero ¿cómo pueden los niños aprender a hacer jugadas o encestar si no se les permite sostener la pelota?

Estos padres no solo permiten que sus hijos tomen decisiones apropiadas para su edad, sino que fomentan ese tipo de toma de decisiones. Incluso un niño pequeño puede aprender lecciones sobre el poder de tomar decisiones si el padre empieza con las cosas pequeñas y permite que el niño experimente las consecuencias.

"Puedes comer un sándwich de pavo o uno de atún para el almuerzo. ¿Cuál prefieres?", pregunta mamá.

Si el niño dice pavo, pero cambia de opinión a mitad de que mamá hace el sándwich, ella dirá: "Sí, el atún suena bien, pero ya elegiste pavo, así que vamos a quedarnos con eso hoy".

Algunos de ustedes estarán pensando: *Si yo hiciera eso, mi hijo tendría una rabieta y arruinaría mi día.* Bueno, ¿preferirías arruinar un solo día o todos los días hasta que tu hijo cumpla dieciocho años, cuando aprenderá por las malas que los demás no tolerarán sus travesuras?

Es hora de cortar ese comportamiento de raíz ahora. Un padre que maneja correctamente la autoridad se apega a la decisión tomada. De lo contrario, el niño no aprende nada. Si hace un berrinche, el padre simplemente se aleja. Deja ese desastre del sándwich sobre la mesa. Cuando el niño se da cuenta de que su público se ha ido, lo sigue y suplica: "Pero quiero atún".

Mamá responde con calma: "Si tienes hambre, puedes terminar de hacer tu sándwich de pavo en la cocina". No sigue haciendo el sándwich. No cede a sus constantes solicitudes de aperitivos por la tarde. O ese niño comerá un sándwich de pavo muy desordenado que hará él mismo, o su estómago tomará el control y completará el proceso de razonamiento en la cena.

¿Fue mamá cruel? No, pero tampoco fue pusilánime. Simplemente dejó que las consecuencias naturales del hambre dieran el sermón por ella. Apuesto a que si le pregunta a ese niño mañana qué quiere para el almuerzo, lo pensará un poco más antes de abrir la boca para hacer su selección.

Puede que no te guste pintar las paredes del cuarto de tu hijo de color morado, y puede que pienses que un pastel de cumpleaños con sabor a uva es repugnante, pero aun así puedes respetar esa elección como la de tu hijo. Cuando pase la fase morada, simplemente entrégale la pintura blanca y un rodillo. Probablemente necesitará tres capas para cubrir ese morado, pero también tendrá esa experiencia. Y ¿qué hay de malo en un pastel de cumpleaños con sabor a uva? Creará recuerdos únicos de cumpleaños y tal vez un amor de toda la vida por la mermelada de uva.

A medida que el niño crece, estos padres lo incluyen en el proceso de toma de decisiones familiares. ¿Quieres tomar unas pequeñas vacaciones familiares este verano? Dale a tu hijo los parámetros básicos: el rango de días y el presupuesto disponible. Deja que tu futuro experto en el internet investigue un montón para ti y aprenda sobre cuán costosos pueden ser los hoteles, comer fuera y viajar. Entonces, cuando tomen las vacaciones, tu hijo habrá aportado algo y experimentó una cura de realidad. Habrá muchas menos quejas sobre el viaje, y todo tu tiempo familiar será más agradable.

EN LUGAR DE DAR UN SERMÓN QUE CAERÁ EN OÍDOS SORDOS, UN PADRE O MADRE QUE MANEJA CORRECTAMENTE LA AUTORIDAD PERMITE QUE LA REALIDAD HABLE POR SÍ SOLA.

Los padres que manejan la autoridad en forma correcta destacan la responsabilidad personal y el rendir cuentas. Pasar el cubo de la culpa o inducir la culpabilidad no funciona con ellos, ni tampoco lo usan ellos mismos. Si cometen un error, se responsabilizan, aprenden de ello, y siguen adelante. Saben decir "lo siento" y "por favor, perdóname".

En lugar de dar un sermón que caerá en oídos sordos, un padre o madre que maneja correctamente la autoridad permite que la realidad hable por sí sola.

A continuación, lo que dice la realidad cuando habla:

- ¿Olvidaste entregar tu tarea? Entonces recibirás una mala calificación, o el maestro te llamará la atención frente a la clase mientras la chica o el chico que te gusta te observa.
- ¿Peleaste con tu hermana? No te sorprendas si no quiere llevarte al centro comercial al día siguiente.
- ¿Dejaste tu bicicleta bajo la lluvia? Es probable que tengas que frotar mucho para quitarle el óxido a la cadena.

¿Ves cuán fácil y efectivo es? El padre con verdadera autoridad sabe que la mejor manera de cultivar cualidades positivas de carácter es usando y proporcionando experiencias que enseñen esas cualidades. Lo que los niños ven es lo que hacen.

¿Quieres un hijo que sepa el valor del dinero? Dale un dólar a tu hija de cinco años. Llévala contigo al supermercado para que vea lo que puede comprar con ese dólar. En la próxima visita, haz tu lista por adelantado y pide a tu hijo de once años que investigue cuánto costará cada artículo.

Cuando tu hija adolescente diga que necesita ropa nueva, di: "Te propongo un trato. Te doy cincuenta dólares para ropa si me ayudas a ordenar mi armario y ordenamos el tuyo también". Esa limpieza cumplirá varias misiones. Primero, probablemente descubrirás tesoros nunca usados que podrían reemplazar el deseo de algo nuevo. Segundo, te organizarás. Tercero, al donar ropa, tu hija podría interesarse en una nueva manera de comprar. Después de todo, esos cincuenta dólares rendirán mucho más en una tienda de segunda mano. Mis propios hijos adolescentes descubrieron las tiendas de segunda mano y se volvieron expertos en ellas. Incluso como adultos, siguen siendo compradores frugales.

¿Quieres enseñar autocontrol? Entonces responde amablemente al vecino cuyo gato maúlla fuera de tu ventana todas las noches. Y, por más deliciosos que sean esos brownies, come solo uno... bueno, dos... pero no toda la bandeja. Mientras se hornean, di a tus hijos expectantes: "Vaya, eso huele muy bien, ¿verdad? Es difícil esperar, pero a veces esperar hace que las cosas sepan aún mejor. Les avisaré cuando salgan del horno y podamos comer uno cada uno".

Siempre he dicho: "La familia que trabaja unida y se divierte unida, permanece unida". En los hogares con una autoridad bien manejada, la familia trabaja junta y se divierte junta. Nadie se queda sin hacer nada. Todos contribuyen a las tareas. Si no lo hacen, las consecuencias naturales enseñan la lección.

Si tu hijo de catorce años dice que no quiere limpiar el garaje, responde: "Está bien, es tu elección". Luego contrata a hijo del vecino para que lo haga a la tarifa actual y págale con la mesada de tu hijo. Funciona aún mejor si ese vecino tiene la misma edad que tu hijo y habla de su ganancia en la escuela. A veces la presión de grupo y la vergüenza pueden ser una fuerza motivadora.

Ese fin de semana, tu hijo recibe un sobre de mesada mucho más delgado con un recibo por los servicios prestados. Cuando esté tratando de ahorrar para un auto viejo, el dinero hará el trabajo de enseñanza.

Los padres inseguros tienen una gran necesidad de controlar las vidas de sus hijos siendo demasiado exigentes o dejándolos que se libren con demasiada facilidad de sus responsabilidades. Reaccionan a las situaciones con sus emociones en lugar de responder usando primero la razón; sin embargo, los padres que están cómodos consigo mismos pueden ver mejor la individualidad de sus hijos. En lugar de insistir en que sigan el camino que ellos eligen, animan a sus hijos a seguir su propio rumbo.

Si eres un padre que maneja bien la autoridad, sabes que no estás aquí para revivir tu vida a través de tus hijos ni para convertirlos en una "miniversión de ti". El hecho de que te convirtieras en contador, pero quisieras ser una estrella de rock, no significa que tu hija deba ser una estrella de rock en tu lugar. El hecho de que un hijo crezca en una familia de chefs no significa que quiera hacerse cargo de la cadena de restaurantes familiares.

Que tú seas extrovertido no significa que tu hijo deba ser empujado a participar en actividades. Tal vez sea un introvertido que necesita más tiempo para recuperarse en casa del caos de la escuela. Si eres introvertido, podrías tener dificultades con el ruido cuando tu casa es invadida continuamente por la red social de tu hija. Pero si el respeto reina en tu familia, todos podrían acordar al menos una noche por semana solo para la familia.

Los padres con verdadera autoridad no hacen declaraciones tajantes ni excusan a sus hijos de las consecuencias. Saber que están en la cima de la colina mirando hacia abajo en la vida mientras su hijo está al pie de la colina mirando hacia arriba, los motiva a ofrecer sabiduría, pero no a imponerla. Preparan a sus hijos para el éxito ayudándolos a desarrollar cualidades de carácter que les serán útiles ahora y también en el futuro, pero no los empujan hacia el éxito. Los acompañan en el viaje de la vida mientras ellos lo descubren por sí mismos, incluso cuando eso significa cometer errores y aprender de ellos.

¿QUÉ TIPO DE PADRE ERES TÚ?

Ahora que has identificado el estilo o los estilos de crianza con los que creciste, revisa nuevamente los comentarios de las páginas 77-78. ¿Cuál se parece más a *tu propio* estilo de crianza?

Piensa en las interacciones que tuviste con tus hijos en los últimos días.

¿Hiciste declaraciones sobre lo que deberían o no deberían hacer? ¿Tomaste decisiones por ellos en lugar de permitirles tomarlas por sí mismos? En ese caso, tiendes hacia un estilo de crianza autoritario, donde prefieres tener el control. Es más seguro y fácil de esa manera.

¿Tiendes a ser un "solucionador" para tus hijos? ¿Haces sus tareas o los rescatas de las consecuencias? ¿Te sientes mal cuando te gritan? Si es así, tiendes hacia un estilo de crianza permisivo.

Si te identificas con el padre que sabe manejar la autoridad porque ya dejas que las lecciones de la vida sean las que hablen, en lugar de dar cátedra tú mismo, ¡bien por ti! Tal vez *tú* deberías escribir este libro. Sin embargo, si tus hijos tienen uno y tres años, hablamos cuando tengan veinte; seguramente habrá mucho más de qué hablar.

Recuerda cuando no tenías hijos y te prometiste: "*Nunca* diré o haré lo que mis padres hicieron conmigo si me encuentro en esa situación con mis hijos". Bueno, ¿qué pasó cuando enfrentaste esa situación con tus hijos hace una semana atrás? Si eres como muchos padres, no solo dijiste lo que tu papá te dijo, sino que lo hiciste a un volumen más alto. También hiciste exactamente lo que tu mamá hacía, pero de modo más dramático.

Todos somos influenciados por el entorno en el que crecimos, pero eso no significa que estemos programados fatalmente para convertirnos en clones de nuestros padres, y sin salida.

Cuando entiendes por qué reaccionas de cierta manera, puedes elegir responder de forma diferente. Reaccionar es un impulso instintivo que ocurre sin mucho pensamiento, pero puede ser entrenado. Cuando respondes, te haces estas preguntas antes de actuar o abrir la boca:

- *Bien, esto ya pasó antes.*
- *¿Qué hice la última vez? ¿Funcionó?*
- *No. Solo alteró a toda la familia.*
- *Entonces, ¿qué haré diferente esta vez para obtener un resultado más positivo?*

Si cambias tu conducta y comienzas a pensar y actuar como un padre que conoce y emplea bien la autoridad, lo cual incluye mostrar respeto por tus hijos, entonces el comportamiento de ellos comenzará a transformarse.

POR QUÉ NUNCA DEBERÍAS TRATAR A LOS NIÑOS POR IGUAL

"Me enseñaron a mantener las cosas iguales cuando se trata de mis hijos", me dijo un hombre de unos treinta años en una conferencia. "Pero, incluso cuando lo hacemos, nuestros hijos siempre pelean. ¿Qué les pasa? ¿O qué nos pasa a nosotros? Parece que mi esposa y yo nunca hacemos nada bien".

"¿Qué les pasa a ellos? Solo están siendo niños —le respondí—. Han encontrado una manera de presionar tus puntos débiles. Mientras su conducta funcione para llamar tu atención, seguirán peleando sin importar lo que hagas. En cuanto a lo que les pasa a ustedes, están permitiendo que les presionen. Eso significa que ellos están ganando. Y, cuando un lado gana, el otro pierde. Pero están pasando por alto un punto importante: intentan mantener las cosas iguales, cuando ninguno de sus hijos es igual".

Mira a los cachorros en tu guarida. Ninguno es igual, ¿por qué deberías tratarlos igual? Cuando los padres se esfuerzan por ver la vida desde los ojos de sus hijos únicos, se dan cuenta de que cada niño ve y experimenta los eventos de manera diferente. Buscarán entender la personalidad de sus hijos y cómo sus inclinaciones naturales los llevan a interpretar los mismos sucesos de maneras distintas (hablaremos más sobre esto en la Estrategia 7).

Por ejemplo, un niño que ya se esfuerza por sobresalir no necesita más presión. Lo que sí necesita es afirmación, comprensión, y algo de perspectiva para entender que ser imperfecto no solo está bien, sino que es algo que se espera. Un niño que nunca pensaría en estudiar, especialmente si el sol brilla y hay amigos jugando béisbol cerca, puede necesitar recordatorios suaves de que la vida no se trata solo de béisbol... a menos que llegue a las grandes ligas, claro.

Por eso estoy completamente en contra de tratar a los niños por igual. No son iguales, y actuar bajo ese concepto falso es perjudicial para cada uno de ellos.

Actualmente desempeñas el papel de padre, mientras tu hijo desempeña el papel de hijo; sin embargo, una vez que tu hija o tu hijo deje el nido, relacionarte con ellos de una manera en que demuestres una verdadera y correcta autoridad seguirá siendo fundamental. Si intentas decirles qué hacer, no reconoces su estatus de adultos, o los rescatas de malas decisiones, los perjudicarás.

ESTOY COMPLETAMENTE EN CONTRA DE TRATAR A LOS NIÑOS POR IGUAL. NO SON IGUALES

Por eso, ahora es el momento de mostrar respeto a tu hijo y hacer algunos cambios en tu estilo de crianza. James, un padre que conozco, ama profundamente a sus dos hijos, pero lucha por conectarse emocionalmente con ellos, ya que su propio padre fue distante. Nunca les preguntaba qué pensaban sobre una situación. En cambio, anunciaba lo que debían hacer y luego salía de la habitación porque se sentía incómodo diciendo algo más. Sus hijos interpretaban sus acciones como frías, distantes y faltas de respeto hacia sus deseos. Era un punto muerto relacional.

Pero aplaudo el valor de ese papá. Después de ser autoritario por quince años, porque era lo único que sabía ser, James decidió que quería criar a sus hijos de manera diferente. Se acercó a su hijo de catorce años y le dijo:

"Brian, hay algo que he querido decirte durante mucho tiempo. Simplemente no sabía cómo hacerlo. Honestamente, he tenido miedo de decírtelo. Quiero decirte que te amo. Siempre lo he hecho y siempre lo haré. Decir esto es difícil para mí, porque mi propio papá nunca me lo dijo. Pero estaba equivocado al no intentarlo contigo. ¿Me perdonarás y me ayudarás a hacer las cosas de manera diferente a partir de ahora?".

TRES PADRES RESPONDEN A LA MISMA SITUACIÓN

Tu hijo comienza su primer día de kínder mañana. Sabes que es particular con la ropa que usa. Así es como responderían tres tipos de padres:

Padre "yo tomo las decisiones": "Voy a dejar sobre la silla la ropa que tienes que usar para la escuela mañana. Asegúrate de estar vestido. El desayuno se servirá puntualmente a las 7:30. A las 7:45 estaremos en el auto".

Padre que "suaviza el camino": "Oh, vaya, mañana es tu primer día de escuela. Lucirás muy lindo con tu ropa nueva que compré para ti. Estoy segura de que todos allí te amarán y pensarán que eres especial. ¿Qué ropa vas a usar? ¿Qué te preparo para desayunar? ¿A qué hora quieres salir para la escuela?".

En ambas opciones, tu hijo ya te ha desconectado. Puede que a ti te gusten las camisas con cuello, pero eso no significa que él quiera usarlas para el kínder, a menos que sea absolutamente necesario. Son ásperas, rígidas y no tienen los colores que le gustan.

En la segunda opción, ya sabe que estás exagerando. No todos lo aman. De hecho, ayer tuvo una pelea con su mejor amigo. Tampoco se siente especial. Sabe que no es particularmente bueno en nada, así que no se dejará llevar por tus halagos. Y ¿esas tres preguntas? ¡Cómo odia las preguntas! Esa avalancha de palabras lo marea. ¿Para qué molestarse en resolverlas? Sabe que de todos modos tú te encargarás de todo.

Padre que deja la pelota donde pertenece: "Mañana es tu primer día de kínder. Seguro que estás emocionado. Lo has estado esperando desde que tu hermana fue a la escuela. Ahora es tu día especial. Escoge lo que quieras usar. Te lo dejo a ti. Solo vístete y encuéntrame en la cocina a las 7:30 a. m. Tendremos tu desayuno favorito. Luego te ayudaré a empacar en tu mochila todos los útiles escolares, como los crayones o lo que hayas reunido de la lista".

Muchos de los problemas que preocupan a los padres tienen que ver con ropa, peinados, comida y amigos, elementos que cambiarán frecuentemente a medida que los niños crecen. Los padres que dejan la pelota en la cancha de sus hijos no solo permiten, sino que también animan a sus hijos a tomar decisiones apropiadas para su edad. Los cortes de cabello estarán de moda y dejarán de estarlo. Lo mismo ocurrirá con los pantalones a la cadera y los pantalones de campana. Los amigos en la tumultuosa adolescencia estarán ahí un momento y desaparecerán al siguiente. Lo que importa en el largo plazo es el estado del corazón de tu hijo y tu relación con él.

Cayeron lágrimas por mis mejillas cuando me contó lo que sucedió después. Ese padre e hijo, cuya relación había sido tan fría como el Ártico, se abrazaron por primera vez de forma que el hijo podía recordar.

Cuando cosas que tus padres dijeron e hicieron que te dañaron se cuelan en tu propia conversación y tus acciones, puedes decirles a tus hijos tres frases mágicas: "Lo siento. Me equivoqué. Por favor, perdóname". Luego, pídeles que te exijan cuentas para demostrar que realmente lo dices en serio. No te preocupes, lo harán. No hay nada más tentador para un niño que tener permiso para señalarle en la cara las faltas de sus padres, y sin repercusiones negativas.

Deja que el respeto reine en tu hogar. Realmente es una calle de doble sentido.

POR QUÉ UNA ACTITUD POSITIVA GANA... SIEMPRE

Zig Ziglar dijo una vez: "No puedes diseñar a medida las situaciones de la vida, pero puedes diseñar a medida las actitudes para adaptarte a esas situaciones".[1] Esa actitud ganadora comienza contigo, papá o mamá.

¿Qué significa el éxito para ti? ¿Está enfocado en cosas externas que los demás ven, como la casa o el apartamento donde vives, el empleo que tienes o el auto que manejas? ¿O en cifras concretas, como cuántas vacaciones puedes permitirte o cuánto dinero puedes ahorrar en un plan de jubilación? ¿O tal vez en si tu hijo puede ingresar en el mejor kínder local, en una academia de secundaria de élite o en una de las quince mejores universidades del país?

¿O tu idea de éxito se centra en cultivar cualidades de carácter y relaciones? ¿Sonríes al recordar a tu familia riendo junta alrededor de la mesa? ¿O quizá al recordar la primera vez que recibiste un diente de león como una "flor" de tu generosa y alegre bebé cuando notó que estabas triste? ¿O cuando un maestro te llamó para decirte que tu hijo mediano usó su habilidad en redes sociales para recolectar fondos para un compañero diagnosticado de leucemia? ¿O cuando tu hijo mayor y competitivo renunció a postularse como presidente de la clase por segundo año consecutivo para dar a otro estudiante la oportunidad de incluir ese logro en su currículum? ¿Te permiten estos recuerdos dormir bien en la noche, sabiendo que estás haciendo algo bien en este tumultuoso viaje de la crianza?

Si puedes recordar momentos como esos, significa que estás haciendo muchas cosas bien. Has trabajado arduamente enseñando a tu hijo cualidades importantes como la generosidad, la bondad, el cuidado por los demás y la humildad. Ya estás en el camino de criar hijos exitosos. Solo necesitas algunos ajustes.

El rechazo y el fracaso son una parte natural de la vida, pero con la actitud correcta puedes tratarlos como peldaños en la escalera hacia el éxito. La manera en que te percibes, como resultado del estilo y las experiencias de tus padres, tiene todo que ver con tu propio estilo de crianza. También ha creado tu mantra de vida, que influye en tu modo de pensar y actuar. Cuando entiendas cómo ese mantra te influye y afecta tu crianza, podrás usar esa información para enfrentar de manera positiva y proactiva el rechazo, el fracaso y cualquier tipo de adversidad. Entonces, podrás enseñar a tus hijos a hacer lo mismo.

¿CUÁL ES TU MANTRA DE VIDA?

Para tener una pista sobre cuál es tu mantra, completa esta declaración: *Solo importo cuando...*

Aquí tienes algunos ejemplos:

- Soy el centro de atención.
- A los demás les caigo bien.

- Puedo servir a los demás.
- Hago las cosas.
- Todos me quieren.
- Las personas me respetan.
- Hago las cosas bien.
- Mis logros son reconocidos.
- La gente me observa.
- Las personas hacen lo que yo digo.
- Puedo ayudar a todos a llevarse bien.
- Puedo pensar en todos los aspectos de un proyecto antes de hacerlo.
- Cumplo mis propios estándares y metas.
- Hago reír a las personas.
- Tengo el control.

A continuación, tenemos cuatro tipos básicos de mantras de vida.

EL JEFE: SE HACE A MI MANERA

Si respondiste con comentarios como: "Tengo el control", "Las personas me respetan", "Mis logros son reconocidos", "Hago las cosas" o "Las personas hacen lo que yo digo", eres una persona que prospera estando a cargo o en el peldaño más alto de la escalera. Tiendes a ser decisivo, de voluntad fuerte y con un estilo de comandante en jefe. Dices lo que piensas, eres un maestro de la organización, seguro de ti mismo e independiente.

Si alguien quiere que se haga una tarea, te la encargará a ti. Se hará según el calendario y de modo experto porque eres un triunfador que pone todos los puntos sobre las íes. Logras casi todo lo que te propones hacer, pero te resulta extremadamente difícil si no resulta perfectamente. La competencia y el éxito ante los ojos de los demás son muy importantes para ti.

El problema es que otros pueden considerarte mandón e insensible, porque siempre necesitas tener el control. Te impacientas si los demás no se apresuran a cumplir tus órdenes. En el fondo, temes perder el control, ya sea en el trabajo, en casa o en tu vida social.

Cuando alguien se enfrenta a ti, te cuesta controlar tu enojo. Tiendes a ser poco empático con quienes tienen dificultades. Tienes altas expectativas para ti mismo y para los demás. No eres conocido por tu calidez o tolerancia, y por eso te llevas mejor con personas complacientes que siguen tus instrucciones rápidamente. Necesitas ser apreciado, respetado y obedecido.

EL PERFECCIONISTA: HACERLO DE LA MANERA CORRECTA

Si tus respuestas incluyen comentarios como: "Cumplo mis propios estándares y metas", "Puedo hacer las cosas bien" y "Puedo analizar todos los aspectos de un proyecto antes de hacerlo", eres alguien que va más allá de simplemente hacer las cosas bien. Tienes estándares altos, te gusta planificar antes de actuar, y eres excelente organizando.

Te gusta tener todo bajo control y sabes cómo debería lucir un producto final. Te interesan los objetivos en el largo plazo, y bajar tus ideales no es una posibilidad. Disfrutas del tiempo a solas y de conversaciones profundas. Eres muy creativo y sensible.

El problema es que te obsesionas tanto con los detalles y la planificación que fácilmente puedes sentirte abrumado y negativo. Temes cometer errores. Si no se cumplen tus estándares elevados, o peor aún, si nadie parece valorarlos, puedes sentirte triste o incluso deprimido.

En general respetas a los demás, pero desconfías de sus motivos o te molestas si quieren cambiar algo. Tiendes a tomarlo como algo personal. En el fondo, te sientes algo inseguro. Una superatención a los detalles te da una memoria afilada para guardar rencores. Los demás te ven arrogante, quisquilloso, pesimista y cambiante. Las personas espontáneas o que no toman la vida en serio te irritan rápidamente.

LEAL HASTA LA MÉDULA: HACERLO DE LA MANERA FÁCIL

Si respondiste con frases como "Puedo ayudar a todos a llevarse bien", "A los demás les gusto" y "Puedo servir a los demás", eres una persona paciente y leal que se lleva bien con casi todos. Toleras una amplia variedad de personalidades porque no te gusta causar conflictos.

Eres bueno resolviendo problemas, lo que hace que las personas acudan a ti. Consistentemente ayudas a los demás y no te alteras fácilmente. Eres balanceado, adaptable, amigable y un excelente oyente. Si alguien te pregunta cómo estás, respondes: "Oh, estoy bien".

Eres un diplomático nato porque tienes una influencia calmante sobre quienes te rodean. Todos te quieren porque eres compasivo, confiable, y la persona que siempre permanece hasta el final de un proyecto... aunque a veces seas más lento en completarlo.

El problema es que eres alérgico al conflicto. Eso significa que a veces dudas al tomar decisiones porque podrías ofender a alguien. Como no quieres decepcionar, otros pueden aprovecharse de tu bondad. Pasas mucho tiempo preocupado por mantener la paz, y evitas conflictos o actúas como mediador.

Tiendes a cambiar de prioridades, por lo que no eres bueno cumpliendo metas que podrías establecer. Eso puede hacer que los demás te perciban como perezoso o sin rumbo. Debido a tu calma, pueden pensar que eres tímido o que te falta energía o entusiasmo por una tarea o por la vida en general.

EL CENTRO DE LA FIESTA: HACERLO DE LA MANERA DIVERTIDA

Si respondiste con frases como "Soy el centro de atención", "Hago reír a la gente", "Las personas me observan" y "A todos les gusto", eres alguien que disfruta al ser el alma de la fiesta. Prosperas estando en la acción y siempre estás listo para el próximo evento. De hecho, no soportas que te dejen fuera.

Eres el primero en hablar con un desconocido, y puedes hacer un nuevo mejor amigo en quince minutos. Tu personalidad animada y tu habilidad para contar historias atraen a las personas como abejas a la miel. Puedes convencer a otros de hacer tu trabajo cuando no tienes ganas de hacerlo. Incluso se sentirán bien porque eres halagador y agradecido en tus comentarios.

Lo más importante para ti no es solo ser observado, sino también *apreciado*. Das por hecho que los demás te aceptan, pero quieres que también te adoren. Tu lugar favorito es estar en el centro de la multitud, con los focos de luz sobre ti.

El problema es que eres increíblemente desorganizado. Pierdes cosas como llaves o paraguas, y frustras a otros al faltar a citas porque las olvidas o te distraes. Como eres sociable, si alguien no recuerda tu nombre te ofendes, aunque tú tampoco recuerdes el suyo.

Tus historias a menudo están exageradas para hacerlas más emocionantes, por lo que a veces las personas no te creen. Tu actitud de "¿para qué preocuparse? Solo sé feliz" funciona la mayor parte del tiempo, excepto cuando necesitas ser serio.

Y ¿un presupuesto? ¿Qué es eso?

Eres alérgico a la palabra aburrimiento. Como eres encantador, tiendes a salirte con la tuya incluso en cosas que no deberías, como dejar que otros hagan tu trabajo. Esperas que la vida sea como tú quieres, ya que generalmente es así; sin embargo, ese optimismo se desploma rápidamente cuando otros se aprovechan de tu ingenuidad o te engañan.

SOLUCIONES DE 10 SEGUNDOS DEL DR. LEMAN

Pregunta: Mi hija está especializada en socializar, y todo lo demás es secundario. Sus calificaciones reflejan eso muy bien. Pero si no mejoran sus calificaciones, no podrá entrar en la universidad. ¿Cómo puedo hacer que se tome la vida más en serio?

Respuesta: ¿De quién es la vida? ¿Es tuya o de tu hija?

El deseo de ver hijos exitosos está profundamente arraigado en todos los padres; sin embargo, la idea de éxito de tu hija y la tuya podrían ser muy diferentes, en especial si tú eres introvertido y ella es extrovertida.

En lugar de suspirar por su falta de estudio, y los resultados evidentes, agárrala cuando hace cosas buenas. Toma algunas notas, y después acércate a ella a solas hablando de esos puntos positivos.

"Últimamente he observado las cosas que realmente se te dan bien. Me sorprendes —le dices—. Puedes manejar muchas cosas simultáneamente. Yo nunca podría enviar mensajes de texto, hablar por teléfono, buscar en el internet y hacer mi tarea al mismo tiempo. El modo en que logras eso es increíble. Justo el otro día...". Continúas contando la historia de algo dulce que viste hacer a tu hija por una amiga que parecía desanimada. "Eso me mostró una vez más cuán especial y talentosa eres. Así que me preguntaba si ya tienes alguna idea de lo que te gustaría hacer cuando vayas a la universidad en un par de años. Si alguna vez quieres compartir ideas conmigo, me encantaría escucharlas".

Le has abierto la puerta, así que ella compartirá contigo... eventualmente. Mientras tanto, tu suave estímulo probablemente hará que piense un poco en los próximos pasos.

Sabes... papá tiene razón. El próximo año estaré en el último año, y debería pensar en la universidad. Vaya, mis calificaciones no son muy buenas. Tal vez debería estudiar para ese examen y ver qué ocurre.

No desperdiciaste tu aliento hablando con ella. Ella misma se encargó. Funcionó como un encanto, ¿no es cierto?

CÓMO AFECTA TU MANTRA DE VIDA A TU ESTILO DE CRIANZA

Si eres un *Jefe* que necesita estar a cargo, mantener el control es extremadamente importante para ti. En la parte positiva, serás organizado, nunca faltarás a los eventos de tus hijos, y tendrás su atención porque eres el líder claro de la familia. Si alguien intenta amenazar a tus hijos, saldrás como un oso a defenderlos sin dudar.

En la parte negativa, te importa demasiado lo que piensen tus amigos y colegas porque eres competitivo y valoras tu reputación. Si tu hijo te avergüenza en público, puedes estar en riesgo de ser castigado hasta que cumpla veintiún años. Si tu hija es irrespetuosa en palabras o actitud, tendrás poca tolerancia y podrías explotar.

Si tu hija es soñadora en lugar de planificadora, no termina proyectos o no es detallista, habrá muchos choques rápidamente y con frecuencia. Si tu hijo prefiere socializar en lugar de estudiar y no parece tomarse la vida en serio, trabajarás arduamente para cambiarlo y que sea exitoso en la vida. No puedes soportar la incompetencia.

Si eres un *Perfeccionista,* tu hogar estará organizado como ningún otro en el barrio. En el lado positivo, todos encontrarán sus zapatos porque tú los alineaste en la puerta principal en orden, desde el pequeño hasta el grande. Te asegurarás de que tengan una amplia variedad de experiencias, incluso culturales aunque se quejen de eso, pero que podrían gustarles en secreto. Asegurarás que tus hijos tengan "espacio" personal o tiempo a solas para reflexionar.

En el lado negativo, esperarás que tus hijos cumplan estándares tan altos como los tuyos. Si tu hijo no planea nada, te volverá loco. Si tu hija es una mariposa social que llena la casa de amigos ruidosos, interrumpiendo el tiempo de tranquilidad que deseas desesperadamente cada día, podrías sentir resentimiento.

Si tu hijo no parece preocuparse por tu meticuloso horario y llega constantemente tarde a los eventos familiares que has planeado, te retraerás, y te sentirás poco valorado. Si tu hija limpia su cuarto, tú lo volverás a limpiar, o encontrarás una esquina de la sábana mal doblada, ya que su definición de *limpieza* no coincide con la tuya. Tu atención al detalle puede socavar la autoestima de tu hijo, reduciendo el valor que siente al emprender y completar un proyecto por sí mismo.

Si eres *Leal hasta la médula*, siempre estarás allí para tus hijos: para escucharlos, estar a su lado cuando trabajan, y esperar su regreso la primera vez que manejan el auto ellos solos. En el lado positivo, serás paciente con sus historias, les darás el beneficio de la duda cuando alguien te hable de sus travesuras, y serás el más apto para decir: "Bueno, estoy seguro de que no lo dijo con intención. Ya sabes que últimamente ha estado bajo mucho estrés". Tú eres quien construye puentes familiares. En el lado negativo, tu deseo de que todos se lleven bien puede permitir que tus hijos te manipulen. Como intentas complacer a los demás, resuelves problemas por ellos: "ayudas" a tus hijos con sus tareas escolares y resuelves sus problemas para que no se sientan incómodos, privándolos así de aprender a manejar sus propias dificultades.

Aunque eres la primera persona a la que tus hijos acuden cuando necesitan un oído que los escuche, a veces desearían que les dijeras lo que realmente piensas. Cuando son pequeños, creen que eres genial porque les prestas mucha atención a ellos y a sus amigos. A medida que crecen, pueden considerarte soso, aburrido, anticuado y vergonzoso. Te involucras demasiado en sus peleas entre hermanos porque saben que eres un buen público.

Ya que evitar conflictos es importante para ti, a veces no respaldas a tus hijos cuando más te necesitan. No puedes arriesgarte a ofender a otros, lo que hace que parezcas débil. Aceptas la falta de respeto porque no quieres generar tensiones. Además, como tu mantra de vida se basa en servir a los demás y sacrificarte por ellos, tiendes a dedicar toda tu vida al cuidado de tus hijos, descuidando tus propias necesidades e intereses. Esto puede llevarte a sentirte resentido si ellos no reconocen tus esfuerzos o no te dan las gracias.

Si eres el *Alma de la fiesta*, eres con quien tus hijos hacen planes divertidos. En el lado positivo, tu casa estará llena de risas. Alivias la rivalidad entre hermanos y las tensiones que se producen como parte de la vida familiar. Eres un maestro en crear momentos inolvidables. Eres el primero en animar a tus hijos en sus eventos. Cuando tu hija está desalentada y necesita conversar, acudirá primero a ti. Cuando tu hijo quiera comprar un objeto que tu cónyuge no aprobaría, acudirá a ti. Si es por diversión, los complacerás casi todas las veces.

En el lado negativo, si anuncias fiestas espontaneas y esperas que tu hijo estudioso esté allí, puedes resultar gravemente decepcionado. Te irá bien con tu hijo que es social porque ambos son fiestas a la espera de producirse... al menos por un tiempo. Sin embargo, tu necesidad de estar en el centro de atención puede avergonzarlos, o incluso competir por protagonismo.

Si tu hijo se inclina hacia el egocentrismo, probablemente no serás observado o apreciado, y mucho menos adorado. Cuando tu falta de organización conduce a olvidar fechas importantes o compromisos, como firmar hojas de permiso para excursiones o pagar la factura del internet, tu actitud de "no te preocupes, sé feliz" frustrará a tus hijos. Tú no eres su compañero de juegos; eres su papá o su mamá.

DESARROLLA UNA ACTITUD POSITIVA

Ahora que comprendes mejor cómo desarrollaste tu mantra de vida y cómo este afecta tu estilo de crianza, puedes evaluar con mayor claridad *por qué* tú y tu hijo interactúan de la manera en que lo hacen. Esas interacciones tienen todo que ver con el camino hacia el éxito de tu hijo.

Es fácil caer en la trampa de pensar lo siguiente:

- Tiene que ser a mi manera o nada.
- Solo hay un modo de hacer las cosas: la correcta.
- Cuanto más haga por ellos, más exitosos serán.
- Debo ser amigo de mi hijo antes que nada.

Sin embargo, cuando actúas de esta manera tus acciones reflejarán ese mantra de vida y, sin darte cuenta, obstaculizas el éxito de tu hijo.

Hay un camino mejor. *Puedes* mantenerte firmemente al volante, guiando el auto de tu familia, al mismo tiempo que desarrollas un patrón de respeto y responsabilidad en el que todos trabajen juntos y se diviertan juntos. Al explorar los intereses únicos de tu hijo se abrirán las puertas de la comunicación. Esto te ayudará a mantener el rumbo mientras tu bebé se convierte en una niña, luego en una estudiante de primaria y de secundaria, e incluso cuando, con lágrimas, la veas salir por la puerta hacia la universidad o su carrera profesional, preguntándote cómo pasaron los años tan rápido.

No importa cuánto tiempo hayas estado en las trincheras de la crianza, los errores que hayas cometido, la edad de tus hijos, si son biológicos, adoptados o si son hijastros, puedes comenzar un nuevo camino con ellos desde hoy mismo.

¿Quieres proyectar una actitud ganadora en tus hijos y transformar tu hogar? Entonces comienza cambiando lo que sale de tu boca. Incluso pequeños cambios pueden marcar una gran diferencia.

LA MAGIA DE CONTAR HASTA 10 ANTES DE HABLAR O ACTUAR

Cuando era joven, me enseñaron: "Antes de abrir tu boca y decir algo de lo que te arrepientas y no puedas retractarte, cuenta hasta 10".

Sigue siendo un buen consejo. Si tiendes a reaccionar emocionalmente y de manera rápida, quizá quieras contar hacia atrás: *10, 9, 8...*

Cuando no estés seguro de qué decir, es mejor no decir nada hasta que tus emociones estén bajo control. Si necesitas decir algo después de contar hasta diez, prueba lo siguiente: "No estoy completamente seguro de lo que pasó ni por qué ocurrió. Creo que lo mejor es que ambos lo pensemos por unas horas. Luego nos reuniremos para hablar al respecto".

EL PODER DE LA VITAMINA E

Tú, como papá o mamá, tienes en abundancia un mineral escaso, tan valioso como el oro y ciertamente más que la plata. Es la vitamina E. Sin embargo, este tipo de vitamina E no la encontrarás en tu armario de las medicinas. Es el *Estímulo*. Si das a tu hijo generosas dosis de estímulo, ¡oh! los lugares a los que llegará, como dijo nuestro amigo el Dr. Seuss.

Proyectar una actitud positiva comienza con un par de palabras. No necesitas ser un maestro de la oratoria para usarlas. Solo necesitas abrir la boca y decirlas:

"¡Buen trabajo!".

Ya que has dominado rápidamente esas dos palabras, ¿por qué no probar con algunas más?

- "¡Vaya, lo lograste!".
- "Lo resolviste tú solo".
- "Me sorprendes".

- "Eso fue un trabajo increíble".
- "Qué considerado de tu parte".
- "Me alegraste el día. Temía llegar a casa y ordenar la sala, pero para mi sorpresa, está impecable. ¡Gracias!".

Palabras simples como estas no solo alegran el día de un niño, sino que también abren puertas que parecían cerradas.

ATRÁPALOS HACIENDO ALGO BIEN

Este es un dato que nunca deberías olvidar: tus hijos *quieren* complacerte. Cuando mamá y papá están felices, todos están felices. Tus hijos son como focas en el zoológico, batiendo sus aletas, balanceando una pelota sobre su nariz y haciendo todo tipo de trucos para agradarte. Si les lanzas uno o dos "peces" de estímulo, ¡es increíble lo que harán!

Cuantas más palabras positivas digas a tu hijo, menos se portará mal porque ya tiene tu atención. Cuanto más solicites sus comentarios y su opinión en asuntos familiares, menos se quejará de lo que sucede en la casa. ¿Por qué? Porque tendrá voz en la creación de las reglas familiares en lugar de simplemente recibir órdenes.

Tan solo unos pocos cambios en las palabras que eliges usar con tu hijo generarán transformaciones mayores de las que podrías imaginar. Tus hijos no sentirán que caminan sobre cáscaras de huevo a tu alrededor. Pelearán menos entre ellos. Se sentirán libres para acercarse a ti y hablar de cualquier cosa. Te pedirán consejos. Todos sonreirán mucho más y discutirán mucho menos.

Si tus hijos son pequeños, crecerán en un hogar lleno de palabras de afirmación, aprendiendo sobre responsabilidad y consecuencias en el lugar más seguro para aprender: tu nido.

Si tus hijos están en la escuela primaria, observar cómo se hacen las cosas de manera diferente en la casa en comparación con las casas de sus amigos puede generar interesantes discusiones durante esa noche de pizza del viernes.

Si tus hijos están en los primeros años de la escuela secundaria, donde están descubriendo su propia voz, su red de amigos y que la vida no siempre es justa; encontrarán en mamá o papá a alguien que los escucha, se interesa por ellos, les da espacio para manejar esas hormonas que a veces los desvían del camino, y los hace responsables por sus acciones.

Y si tus hijos están en esa maravillosa y desafiante etapa al final de la secundaria y el bachillerato, incluso si a veces piensan que provienes de la Era Jurásica, conversarán cuando lo necesiten y quieran hacerlo, y pedirán tu opinión porque saben que no das sermones. Mientras exploran los siguientes pasos, enfrentan uno o dos fracasos, celebran algunos éxitos y comienzan a definir lo que quieren lograr en la vida, sabrán que estás a su lado en cada paso del camino. No los rescatas ni les impones tus planes; en cambio, les permites perseguir sus propios sueños a su manera.

Esta semana, en lugar de enfocarte como un águila en las cosas que tus hijos hacen mal, atrápalos haciendo algo bien. Entonces, adelante: abre la boca y lánzales un pez. Una vez que te acostumbres, no será tan difícil.

Todo ese batir de aletas y los otros trucos que hagan por ti harán que tus esfuerzos valgan la pena.

EL ÉXITO REDEFINIDO

El éxito no es una meta que alcanzas una vez y que permanece lograda. El éxito significará algo diferente para cada uno de tus hijos, dependiendo de su personalidad, sus dones y sus creencias. Es tu trabajo como papá o mamá preparar a tu hijo para el éxito, no empujarlo hacia él ni hacerlo por él.

Si construyes los cuatro fundamentos de carácter, buena conducta, respeto y una actitud ganadora, aumentarás el potencial de tus hijos para el éxito en *cada área* de su vida adulta.

Ella será la mamá respetada del vecindario. Él será el empresario con integridad.

Ella será la maestra creativa del kínder que desarrolla un programa para niños sordos. Él será el obrero de la construcción conocido por su ética de trabajo incansable.

ES TU TRABAJO COMO PAPÁ O MAMÁ PREPARAR A TU HIJO PARA EL ÉXITO, NO EMPUJARLO HACIA ÉL NI HACERLO POR ÉL.

Todos ellos serán conocidos por sus grandes corazones, por no rendirse nunca ante la adversidad y por su generosidad de tiempo y recursos hacia quienes están batallando en momentos difíciles. Lo que poseen en bienes materiales no tiene comparación con quiénes son en esencia.

Y *eso* sí es un éxito por el que vale la pena esforzarse y luchar.

ESTRATEGIA 4

MODELA UNA VIDA DISCIPLINADA

Porque tú, y solo tú, eres el héroe o la heroína que tu hijo anhela.

Si has usado recientemente un iPhone, puedes dar las gracias a Steve Jobs, fundador y CEO de Apple Inc. Sin embargo, hay algo que no muchos saben acerca de Jobs. Nacido en 1955 de una mamá adolescente soltera, fue adoptado por una familia de clase trabajadora. Obviamente era brillante y muy talentoso, pero ¿qué podría haber pasado si ese niño hubiera sido adoptado por personas adineradas? ¿Es posible que no hubiera logrado tanto si no hubiera aprendido el valor del trabajo duro desde una edad temprana?

Piensa en ese concepto de otro modo. Cuando vuelas en un avión, prefieres un aterrizaje suave, ¿no es cierto? Pero ¿quieres un despegue suave?

Yo no. Quiero que ese avión despegue rápidamente y se eleve con seguridad hacia esos cielos azules. Un avión solo puede despegar bien desde una pista dura. Si el avión comienza en una superficie blanda, nunca se levantará del suelo.

Cuando disciplinas a tu hijo de la manera correcta, lo inicias en su viaje con el éxito en la vida en mente. Sí, la pista puede ser dura a veces, pero esa superficie firme lo impulsará a despegar más rápido.

Vivir una vida disciplinada también le permitirá disfrutar del viaje durante el camino. Incluso cuando se encuentre con algunos baches, no se desanimará fácilmente.

Ese éxito comienza contigo. Aunque no existe el padre perfecto ni el hijo perfecto, tú eres el mejor modelo a seguir que tu hijo tiene para saber cómo se ve una vida exitosa. Puede que no lo creas, pero él o ella siempre te está observando y escuchando lo que dices.

¿Vives *tú* una vida disciplinada? ¿Concuerdan con tus prioridades tus palabras y acciones?

Si dices que tus hijos son importantes para ti, ¿asistes al partido de fútbol de tu hijo aunque eso signifique quedarte despierto hasta medianoche para terminar tu proyecto de trabajo? ¿O terminas el proyecto de trabajo más temprano, sabiendo que tu hijo entenderá si no logras llegar? ¿O prestas atención parcial a ese juego llevando tu computadora portátil y trabajando desde la orilla del campo? ¿Qué tan presente estás con tus hijos?

TÚ ERES EL MEJOR MODELO A SEGUIR QUE TU HIJO TIENE PARA SABER CÓMO SE VE UNA VIDA EXITOSA.

Si le dices a tu hija que el dinero no lo es todo y que hay otras cosas en la vida mucho más importantes, como pasar tiempo juntos, ¿te presentas en la mesa de la cena familiar todas las noches en lugar de aceptar ese ascenso que significaría trabajar tarde muchas noches? ¿O aceptas ese ascenso porque así tendrás más dinero para otro auto, su cumpleaños número dieciséis, unas vacaciones o la matrícula universitaria?

¿Dices lo que piensas y piensas lo que dices? ¿O dejas que tu temperamento y tu impaciencia te ganen?

Si les has dicho a tus hijos pequeños que no disfracen a Rosie la perrita porque no le gusta, pero lo hacen de todos modos, ¿los dejas hacerlo con el argumento de "solo son niños jugando a disfrazarse, supongo que la perrita tendrá que acostumbrarse"? ¿O te mantienes firme en tu solicitud original? "Les pedí que no vistieran a la perrita. Como decidieron hacerlo de todos modos, supongo que Rosie y yo somos las únicas que iremos a tomar helado esta tarde. Ustedes dos se quedarán en la casa con la abuela". Entonces avisas a la abuela de que no les dé golosinas, por mucho que lo rueguen.

¿Terminas las tareas (incluso aquellas que detestas) o las dejas para más tarde? Si aborreces limpiar, y los conejitos de polvo y las bolas de pelo de tu gato están a punto de apoderarse de la casa, no tienes una buena base para "animar" a tu hijo a limpiar su cuarto, lo cual requeriría un traje para materiales peligrosos. Si odias revisar tu saldo bancario y pagar facturas, y lo dejas para cuando los cobradores te llamen, ¿es justo culpar a tu hija por no terminar su tarea de matemáticas?

¿Haces lo correcto, incluso cuando es difícil? Como admitir ante tu esposo perfeccionista que eres la descuidada que rompió el espejo del auto al calcular mal la distancia a la ventana del autoservicio. O quizá sabes disculparte con tu hija que lloraba porque olvidaste ir a su día de carreras en el segundo grado.

Todos necesitamos modelos a seguir que nos muestren cómo vivir exitosamente; sin embargo, tu hijo ya tiene un héroe o una heroína definitivo en mente: tú. Ese es el motivo por el que tú, y solo tú, puedes marcar la diferencia.

LO QUE TUS ACCIONES LE DICEN A TU HIJO

La razón por la que te pedí que observaras cuidadosamente el estilo de crianza de tus padres, tu propio estilo de crianza que resultó de ello y cómo eso da forma a tus acciones, es porque el modo en que vives la vida sirve como un modelo para tu hijo de cómo debería vivirla.

Tus acciones transmiten lecciones a tu hijo que quizá no tenías la intención de dar.

EL PADRE AUTORITARIO

Si eres un padre autoritario que tiene que tomar todas las decisiones, sin querer le estás diciendo a tu hijo tres cosas.

Primero, *el éxito es tener el control.* Si tu hijo no puede ser quien les diga a los demás qué hacer y les dé órdenes, entonces básicamente no vale nada.

Vaya. No era eso lo que querías, ¿cierto?

No todos los niños tienen la personalidad y las habilidades para ser o querer ser los que tomen las decisiones. Cada niño marcha al ritmo de su propio tambor y debería tener el permiso para seguir su propia melodía, ya sea rock de alta energía, una suave canción de cuna, una balada serpenteante, o una melodía ligera y juguetona.

Segundo, *tú tienes que ser el más importante, cueste lo que cueste.* Si tu hijo no es el líder que sus compañeros respetan, admiran y, seamos sinceros, temen un poco, entonces no es nada.

SOLUCIONES DE 10 SEGUNDOS DEL DR. LEMAN

Pregunta: Cuando le pregunté a mi hijo cómo se veía en el futuro, me dijo: "Vivo", y regresó a su computadora a navegar por las redes. ¿Cómo puedo hablar de algo con un niño así?

Respuesta: Los niños, como los esposos, aborrecen las preguntas, especialmente si están completamente enfocados en navegar por la web, aunque parezca que no están haciendo nada.

La mejor manera de iniciar una conversación es sentarse junto a ese niño. "Parece que encontraste algo interesante. Si alguna vez quieres compartir algo conmigo, solo dilo".

Es posible que no responda la primera vez, pero espera. Continúa mostrando tu interés sin presionar. "Cuéntame más sobre eso" también es una excelente frase para comenzar.

Cuando decides adentrarte en sus intereses en lugar de intentar arrastrarlo a una conversación que no quiere tener y que se adapta a tu agenda, te sorprenderá lo que aprenderás sobre él y su mundo.

Siempre estará en el último escalón de la escalera de la vida. La competencia lo es todo. La compasión y trabajar como equipo son para los perdedores.

¿Realmente quieres definir el éxito de tu hijo de esa manera? Si es así, lo estarás preparando para un mundo lleno de dolor, fracaso y desánimo.

Solo hay un CEO en una empresa, pero eso no significa que los demás trabajadores sean inútiles. Cada papel desempeñado es fundamental para mantener una empresa funcionando bien.

Lo más importante es que cada niño encuentre su propio y único lugar para contribuir feliz y apasionadamente con sus habilidades.

Aquellos cuyos padres insisten en que su hijo esté en un pedestal para que todo el mundo lo vea corren muchos riesgos, ya que podrían derribarlo en un día de viento. Un poco de competencia puede ser motivador; pero la continua competencia forzada eleva la norma tan alto, que ningún niño podrá alcanzarla. Sin importar lo que haga, sabe que nunca será bastante bueno para mamá o papá. Siempre se sentirá como una decepción para ti. Dependiendo de su personalidad, es probable que se produzca uno de tres resultados.

Resultado 1. Intentará cumplir con tus expectativas, obtener algunos trofeos, buenas calificaciones, logros en su currículum... y una úlcera en el camino, entre otros problemas físicos.

¿Alguna vez te has preguntado por qué un estudiante con notas sobresalientes se sentiría tentado a hacer trampa en un examen? Devin puede decírtelo.

"Solo quería mantener feliz a mi papá. Es importante para él que mantenga buenas calificaciones. Quiere que entre a la universidad con una beca".

Devin obtuvo una muy buena calificación en esa clase en la que no era bueno... al menos temporalmente. Tres semanas después, él y otros dos compañeros que compartían ese esquema de hacer trampa fueron atrapados y expulsados de su escuela privada. *Eso* definitivamente no hizo feliz a papá.

Es todavía peor si el papá competitivo y autoritario decide hacer la trampa por el hijo, con o sin su conocimiento. Hubo un escándalo de admisiones universitarias en 2019, en el que se descubrió que celebridades de Hollywood, administradores de admisiones universitarias y entrenadores estaban manipulando exámenes, inventando hechos como niños en equipos deportivos, y sobornando para que sus hijos entraran en escuelas prestigiosas.[1] Esos niños fueron traicionados por quienes más confiaban que creían en ellos. Al actuar de esa manera, los padres estaban diciendo: "No creo que puedas hacerlo por ti mismo. Es importante que entres en las universidades correctas, o serás un perdedor. Necesitas nuestra ayuda para entrar. Si tenemos que hacer trampa para que entres en esas escuelas competitivas, lo haremos". El daño que esos niños ya han enfrentado, y que enfrentarán en el futuro, es triste, repugnante e incomprensible.

Todo ese sucio asunto es una historia de advertencia para los padres controladores en todas partes. Si tus hijos no pueden entrar por sí mismos a la universidad que prefieren, es que pertenecen a otro lugar. Y no insistas en ninguna universidad en particular. Tú ya tuviste tu oportunidad. Ahora es el turno de ellos.

La vida de tu hijo no es *tu* oportunidad para un segundo intento. Es *su momento* para brillar a su propia manera.

Resultado 2. Tu hijo cumplirá esas expectativas paternas a primera vista pero se rebelará en su interior. Lo que hace en su tiempo a solas, fuera de tu vista, probablemente no querrías saberlo.

LA VIDA DE TU HIJO NO ES *TU* OPORTUNIDAD PARA UN SEGUNDO INTENTO. ES *SU MOMENTO* PARA BRILLAR A SU PROPIA MANERA.

Vi suceder eso mismo delante de mis narices en la tienda de alimentos. Después de que una madre reprendiera a su hijo de ocho años, diciendo: "Te lo dije. Cuando estamos en una tienda, espero que te comportes. Si no, habrá consecuencias", él respondió con tono monótono: "Entendido, mamá".

Mientras su carrito comenzaba a dar la vuelta a la esquina, el niño se detuvo un momento y vi su cara. Movió los labios repitiendo su sermón de manera sarcástica y luego golpeó el aire con su puño en dirección a ella antes de seguirla.

Cuando ella se volteó y dijo: "¿No vienes?", el niño respondió con serenidad: "Por supuesto, mamá".

Avancemos unos años, cuando ese niño esté en la secundaria influenciado por sus compañeros. ¿Qué crees que estará haciendo a espaldas de mamá... y para el deleite de sus amigos? ¿Y qué pasará cuando tenga las llaves del auto familiar y más autonomía?

Estos son los niños cuyos padres llegan a mi consulta retorciéndose las manos y preguntándose: "¿Qué hicimos mal?".

Resultado 3. Él o ella cederá ante esa presión y se volverá sumisa, no solo contigo, sino con cualquiera que le diga qué hacer.

Esa es una receta para el desastre en un mundo donde no todos buscan su bienestar. Intentará y fallará, una y otra vez, hasta que finalmente dejará de intentarlo y hará lo mínimo necesario para pasar desapercibido. Hará su tarea de manera superficial. No se defenderá cuando le molesten en la escuela. Después de todo, si no es lo suficientemente bueno y no sabe hacer nada bien, ni siquiera tender su cama a tu estándar de perfección, ¿por qué seguir intentándolo?

Lo único que quiere es pasar bajo el radar, evitar la mirada crítica de sus padres y salir de casa lo antes posible. Pero incluso entonces luchará con una baja autoestima, sentirá que no es suficiente para nadie, y creerá que no sabe hacer nada bien.

El perfeccionismo es un suicidio lento para cualquier niño debido al estrés constante que implica, día tras día. Presionar a tu hijo para que sea perfecto no lo hará más exitoso; lo dañará de muchas maneras.

Los padres críticos a menudo dicen a sus hijos: "Más te vale hacerme sentir orgulloso". Esa frase tan simple lleva consigo una gran carga negativa. Es más como una orden: "Más te vale no decepcionarme ni avergonzarme, o pagarás las consecuencias el resto de tu vida". Los padres que hacen esto están revelando sus propias inseguridades. Todos los niños cometerán errores en algún momento; es un hecho de la vida.

Los que viven bajo padres que critican constantemente suelen postergar sus tareas porque temen que cuando se evalúe ese proyecto, no sea lo suficientemente bueno.

La crítica de su papá empeora la manera en que ya se siente consigo mismo. Se critica a sí mismo sin piedad incluso por los errores más pequeños, y nunca olvida cuando ha fallado. Esto hace que sea difícil enfrentar nuevas situaciones con una autoestima saludable.

Ella siente que nunca podrá estar a la altura de su mamá perfecta. Incluso cuando un maestro le dice: "¡Buen trabajo!", piensa que el maestro solo está siendo amable.

La confianza en sí mismo de él es prácticamente nula. Incluso si logra por casualidad un excelente trabajo como contador, y es bueno en ello, siempre estará esperando ser descubierto como un fracaso... porque eso es exactamente lo que su papá decía de él.

Los niños que viven bajo presión autoritaria se *rebelarán* de alguna manera. Pueden ser groseros deliberadamente, discutir con sus hermanos, o buscar peleas en la escuela. O esperarán hasta los años de universidad y combatirán casi cualquier forma de autoridad, lo cual no les beneficiará con maestros, administradores escolares e incluso en la búsqueda de pasantías y empleos. Otros se volverán callados y cooperativos por fuera, pero tímidos por dentro, incapaces de arriesgarse a intentar algo nuevo por miedo a fallar o decepcionarte.

Si eres un padre autoritario que toma todas las decisiones, el tercer mensaje que le estás enviando a tu hijo es: *Eres demasiado torpe para decidir algo por ti mismo.* Si le dices a tu hijo constantemente qué hacer, cómo hacerlo y cuándo hacerlo, le estás diciendo: "Eres tan incapaz que no creo que puedas tomar buenas decisiones. Tendré que hacerlo yo para que las cosas salgan bien".

El problema es que para volverse responsable, tu hijo necesita tener la oportunidad de *serlo.* Si haces por tu hijo cosas que debería hacer por sí mismo, aprenderá, bueno... nada. Sin la habilidad para tomar decisiones adecuadas para su edad, e incluso tomar decisiones erróneas algunas veces, tu hijo no desarrollará la habilidad para tomar decisiones sabias. Carecerá de la capacidad de pensar independientemente o de ser flexible.

A nadie le gustan las consecuencias de las malas decisiones, pero esas consecuencias naturales son el mejor maestro que cualquier niño podría tener. Cuando los resultados duelan un poco, será menos probable que actúe de la misma manera otra vez. ¿No sería mejor que ese niño que amas experimente consecuencias en la comodidad de tu hogar antes de ser lanzado al mundo exterior para aprender por las malas?

PARA VOLVERSE RESPONSABLE, TU HIJO NECESITA TENER LA OPORTUNIDAD DE *SERLO.*

Por difícil que sea soltar el control y relajar las reglas, ahora es el momento de permitir que tus hijos tomen decisiones acordes a su edad.

Tal vez no te guste la minifalda que tu hija de quince años decide usar, pero si vives en Chicago, la Ciudad del Viento, y hay un día especialmente ventoso, ella podría reconsiderar esa decisión y al menos ponerse unas mallas debajo.

Quizá te frustre cómo tu hijo de cuatro años guarda sus juguetes a su manera cuando le pides que lo haga, pero déjalo hacerlo con su propio método. O tal vez no estés de acuerdo con que tu hijo decida gastar su mesada en comprar pizza para sus amigos después de la escuela, especialmente si ahorrar es importante para ti; sin embargo, aprenderá su lección cuando descubra que no tiene dinero para la gasolina del auto la próxima semana.

Permitirles tomar decisiones les enseñará mucho más sobre cómo vivir con éxito que si siempre dices: "Debes hacer esto..." o "Deberías hacer aquello...".

EL PADRE PERMISIVO

Si eres un padre permisivo que intenta allanar el camino para su hijo, tus acciones están enviando cuatro mensajes principales a tu hijo:

En primer lugar, *el éxito significa que tú eres el centro y todo gira en torno a ti.* La crianza permisiva crea lo que llamo "Síndrome del niño mimado". Estos son los pequeños príncipes o princesas que se salen con la suya y gobiernan el hogar porque pueden. Cuando algo interrumpe su rutina, se quejarán durante horas, incapaces de adaptarse, porque están acostumbrados a ser el centro alrededor del cual gira todo en la casa.

Los más ruidosos son fáciles de detectar porque oyes sus berrinches. A menudo, los padres ceden solo para evitar la vergüenza delante de los amigos o vecinos, o tal vez porque te gustaría tener algo de paz mental en la mesa.

Pero no te engañes. Los niños "tímidos" o "callados" pueden ser igualmente manipuladores con tácticas de culpabilidad o lágrimas. Si no consiguen lo que quieren, recurren al llanto. Saben que siempre funciona, especialmente para convencer a una mamá complaciente de que haga lo que desean. Un papá también puede ser fácilmente manipulado por las súplicas o las lágrimas de su hija.

Los niños que crecen bajo un estilo de crianza permisivo tienden a ser extremadamente egocéntricos. Como están acostumbrados a salirse con la suya, no desarrollan empatía por las situaciones de los demás, y mucho menos consideración o generosidad. No han aprendido a preocuparse por los demás, excepto en lo que puedan obtener de ellos, por lo que a menudo parecen socialmente ineptos.

Debido a que siempre suponen que ellos son lo primero, hacen lo que sea necesario para mantenerse en esa posición. Sus relaciones no duran mucho, ya que los demás no pueden confiar en ellos y los consideran críticos o personas que juzgan a los demás con facilidad. Cuando estos niños de padres permisivos crecen, suelen tener al menos un área de su vida donde muestran poca o ninguna moderación, como comer en exceso, beber, apostar o tener encuentros casuales.

Por lo tanto, si crías a tu hijo para que piense que nadie más importa excepto él, estás causando un enorme perjuicio tanto a él como a ti mismo. Ese concepto puede funcionar temporalmente mientras es pequeño, hasta que su egocentrismo comienza a volverte loco o a crear una brecha entre tú y tu pareja, quien también necesita y merece tu tiempo.

Y ¿qué sucede cuando aparece otro miembro de la familia, como un hermano, que necesita atención de mamá y papá? ¿O cuando tu hijo entra en una habitación llena de otros niños que han sido criados con un estilo de crianza similar? Probablemente habrá algunas explosiones, y las personas a cargo de ese grupo de niños te dirán que tu hijo necesita aprender a colaborar, ayudar a otros y compartir juguetes.

Nadie, excepto Dios todopoderoso, merece ser el centro del universo. Cuanto antes aprendan tus hijos esta lección, mejor será para ellos, para ti y para todas las personas con las que se relacionen.

La próxima vez que tu pequeño príncipe comience su espectáculo para llamar tu atención o tu princesita levante su dedito, no caigas en su trampa. Si estás haciendo una actividad, no la interrumpas. No les hará daño que les digas: "Entiendo que quieres eso ahora mismo, pero mamá está ocupada. Estoy haciendo algo para tu hermano. Mañana es su día especial para llevar *cupcakes* a la escuela. Eso significa que tu petición para que juegue contigo tendrá que esperar. Si quieres, puedes ayudarme a decorar algunos de los *cupcakes* sobrantes para nuestra merienda familiar después de la cena. De lo contrario, necesitas encontrar algo más que hacer".

Luego, vuelve a concentrarte en tu tarea con los *cupcakes*. Sin quejas, sin lloriqueos, y sin dejar que frases como "Tú no me quieres" o "¡No es justo!" te desvíen de tu proyecto. Mejor aún, si es posible, ponte unos auriculares, escucha tu música relajante favorita y desconecta por completo el espectáculo de tu príncipe o princesa.

En segundo lugar, los padres permisivos comunican a sus hijos: *Tú no eres capaz, así que debo resolver las cosas por ti*. Este concepto tiene una similitud notable con el padre autoritario, y se debe a que los padres autoritarios, y también los permisivos, son controladores pero por razones diferentes. Los padres autoritarios toman las decisiones por su hijo porque necesitan estar a cargo. Los padres permisivos toman las decisiones porque quieren eliminar cualquier obstáculo que pudiera dañar al niño.

Sin embargo, si haces por tu hijo cosas que él mismo debería hacer, lo estás tratando como si fuera incapaz de hacer esas cosas. Los padres permisivos son maestros de las excusas.

- "Hice eso por ti porque sabía que estabas cansado y necesitabas dormir".
- "No quería que te preocuparas, así que hice esa llamada y me ocupé de ello".
- "Sabía que tenías muchas cosas que hacer, así que me encargué de poner gasolina al auto".
- "No tienes que hacer eso. Tienes muchas otras cosas que hacer. Yo lo haré".
- "Sabía que llegaba tu proyecto de ciencia y no habías tenido tiempo para trabajar en él. Investigué un poco y comencé uno para ti. Solo tienes que poner algunos de los árboles de plástico en tu Isla de los Dinosaurios y estará terminado".

En resumen, el papá o la mamá hizo el trabajo de su hijo por él.

Para sentir un verdadero logro y realización, el niño necesita hacer el trabajo por sí mismo. Necesita experimentar los altibajos: la satisfacción de que un proyecto salga bien o la frustración de un experimento que no funciona. Necesita descubrir cómo innovar cuando los eventos no salen como se planearon. Este tipo de trabajo le enseña resistencia y flexibilidad, y mejora su autoestima. Si no puede aprender a resolver problemas en casa, ¿dónde más adquirirá esa habilidad clave?

Privas a tu hijo de una oportunidad valiosa cuando haces su trabajo o resuelves los problemas por él.

En tercer lugar, *no quiero ser molestado, estresado o incomodado de ninguna manera*. Déjame preguntarte: ¿alguna vez eres molestado o estresado? Entonces, ¿por qué no iba a estarlo tu hijo? La vida no es un camino fácil donde todas las personas hacen lo que tú quieres, cuando quieres y cómo lo quieres. Intentar brindar ese tipo de experiencia a un niño produce una persona que no sabe manejar conflictos, circunstancias cambiantes o cualquier cosa que no salga a su manera.

PRIVAS A TU HIJO DE UNA OPORTUNIDAD VALIOSA CUANDO HACES SU TRABAJO O RESUELVES LOS PROBLEMAS POR ÉL.

Si has preparado ese camino fácil para tu hijo, es momento de detenerte. Cada persona necesita aceptar que la vida real sucede. Es incómoda, desordenada y, a veces, claramente frustrante. Si tu hijo está protegido constantemente por mamá o papá, no sentirá los efectos ahora, pero cuando salga al mundo exterior experimentará un choque monumental sin esa burbuja protectora.

Es mucho mejor permitir que tu hijo experimente los eventos y sus consecuencias. Sentir incomodidad es lo que impulsa el cambio. Un niño que se siente incómodo aprende paciencia, tolerancia, humildad y una serie de otras cualidades fundamentales.

La próxima vez que tu hijo tenga que entregar un trabajo de historia, no lo rescates. Si no lo termina, no lo termina. Si lo entrega tarde, lo entrega tarde. Si forma un berrinche y grita: "¿Por qué no me ayudas? Siempre lo haces. ¿Qué te pasa?", respóndele con calma: "Pues... parece que es tu problema, ya que es tu trabajo. Suerte con eso. Te veo en la mañana". Y sigue con tu noche, disfrutando de más horas de sueño de las habituales para estar fuera de su línea de fuego.

A la mañana siguiente, no comentes sus ojeras o su mal humor. No respondas a sus reproches. Simplemente di: "Nos vemos más tarde" y despídelo con una sonrisa mientras se va a la escuela.

Deja que experimente las consecuencias de su trabajo, o la falta de este. La vergüenza frente a sus compañeros o su maestro no lo matará, pero puede hacerlo reflexionar sobre entregar el próximo trabajo a tiempo.

Cambiar la rutina de tu hijo lanzándole un desafío no es algo malo, después de todo. El sol no gira alrededor de su existencia. Las lecciones aprendidas ahora, a la luz de esta realidad, llevarán a un mayor éxito en la vida más adelante.

En cuarto lugar, *mírame. Soy un mártir que sacrifico mi vida por ti.* Si eres un felpudo cuyo único propósito en la vida es mantener feliz a tu hijo, fracasarás incluso antes de comenzar. Ningún niño puede ser feliz las veinticuatro horas del día, los siete días de la semana. No es posible por más que lo intentes, y tampoco conduce al éxito en la escuela, la carrera profesional o las relaciones. De hecho, sucede lo contrario: causa un daño enorme a tu hijo.

Un padre que actúa como mártir enseña al niño a tratar a los demás, especialmente a las personas del mismo género que el padre permisivo, como felpudos. Nadie respeta a un felpudo. No es tratado como una persona sino como un objeto que se pisotea y que solo vale para limpiar el barro de los zapatos.

Los niños con mamás permisivas y sumisas suelen buscar y casarse con esposas igual de permisivas y sumisas… y así continúa el patrón en futuras generaciones. Tienden a tener problemas con jefas que no se inclinan a sus deseos, les dicen qué hacer, y que les exigen cumplir responsabilidades.

Las muchachas con papás permisivos suelen buscar y casarse con esposos a los que puedan controlar. Eso puede funcionar por un tiempo, hasta que descubren que sus esposos no toman decisiones por temor a ofender a otros. Entonces comienzan a percibirlos como débiles e ineficaces en lugar de los hombres carismáticos del que se enamoraron y que ayuda a todo el mundo, y pierden el respeto por ellos.

No permitas que tus hijos te usen y te abusen. No mereces eso, y ellos tampoco. Tomarte tiempo para ti mismo no es egoísta; es modelar una vida balanceada y disciplinada, en la que las necesidades de cada uno en la familia son importantes, donde todos en la escuela son iguales, y donde todos en el trabajo son colegas que desempeñan funciones diferentes, uniéndose para lograr una misión común.

No prives a tu hijo por tu propia necesidad de ser necesario. Nadie puede llegar a ser fuerte y decidido si es educado para ser débil.

El padre con verdadera autoridad

Si eres un padre que mantiene un equilibrio entre tomar decisiones críticas y permitir a su hijo opciones apropiadas para su edad y cierta autonomía, tus acciones transmiten cinco mensajes a tu hijo:

En primer lugar, *creo que eres capaz y competente*. Creer en tu hijo es poderoso y no puede minimizarse. Lee cualquier entrevista a una persona exitosa y dirá algo como lo siguiente: "Estoy donde estoy ahora porque alguien creyó en mí".

Por ejemplo, si tu hija de tres años está aprendiendo a atarse los zapatos, aprenderá más rápido si cree que tú confías en su capacidad, le das algunos consejos para hacerlo y la animas.

Si tu hija adolescente muestra interés en reinventar ropa de una tienda de segunda mano para ponérsela para la escuela, ¿por qué no apoyarla? Eso fomentará su creatividad y, de paso, ahorrará dinero en el presupuesto familiar.

SOLUCIONES DE 10 SEGUNDOS DEL DR. LEMAN

Pregunta: A la hora de darle a un hijo, ¿cuánto es demasiado? Mi esposo y yo crecimos siendo pobres, trabajamos mucho, y ahora tenemos una vida más cómoda. Pero parece que nada de lo que le damos a nuestro hijo es suficiente. Siempre quiere más, y nos hace sentir que estamos fallando como padres si no se lo damos. ¿Cuánto es suficiente o demasiado?

Respuesta: Los padres a menudo tienden a compensar en exceso si provienen de circunstancias desfavorecidas, pero dar cosas a los niños no los hará agradecidos de inmediato. En la cultura actual del "quiero más", los niños que lo tienen todo nunca estarán satisfechos.

Ya le estás dando a tu hijo tres comidas al día, un techo sobre su cabeza, ropa y una buena educación; mucho más de lo que tienen muchos niños en el mundo. El hecho de que le brindes algo más lo hace increíblemente afortunado como ser humano.

Es hora de detener la actitud de "quiero más". Tu hijo necesita una dosis saludable de gratitud, humildad, servicio comunitario, y aprender el valor del dinero.

Busca oportunidades cercanas. Que la próxima actividad familiar sea ir a ayudar a un comedor comunitario o a un albergue para personas sin hogar. No le avises con antelación. Simplemente reúne a la familia y ve. Aún mejor si es a la hora de la cena, cuando el hambre comienza a sentirse. Pasar un poco de hambre hará que la experiencia sea más realista.

Cocinen una comida para una persona mayor que no recibe muchas visitas y compartan el tiempo con ella. Limpien la entrada de un vecino en desventaja.

Tu hijo probablemente no disfrutará estas actividades, pero ¿acaso a ti siempre te gusta todo lo que tienes que hacer? Necesita aprender cuanto antes que el universo no gira en torno a él y su comodidad.

Coloca el dinero que usarías para su mesada esa semana en un sobre. Llévalo al supermercado contigo, compren alimentos para familias necesitadas y distribúyanlos. Guarda los recibos. Ese mismo sobre, que normalmente contiene su mesada, esta vez tendrá los recibos en lugar de dinero en efectivo.

No hace falta dar advertencias, amenazas ni sermones. Sí, estará sorprendido y molesto. Después de todo, cree que es *su* dinero el que gastaste sin permiso. Sin embargo, ¿acaso tendría alguna de sus posesiones sin ti?

Cuando finalmente se calme y pregunte por qué, dile la verdad: "Últimamente hemos notado que quieres más y más. Te hemos estado dando más y más. Ese es nuestro error. Crecimos con poco y queríamos algo mejor para ti, pero lo mejor para ti es entender que no todos tienen lo que tú tienes. Mira a la señora Townsend, que…", y comparte historias de las personas que ha conocido recientemente.

Cuando tu hijo interactúe con personas que tienen mucho menos, se dé cuenta de que su mesada podría alimentar a tres familias hambrientas esa semana, y regrese a su hogar con televisión de pantalla plana y refrigerador lleno, es probable que sienta culpa.

La culpa, cuando se usa por las razones correctas, es un poderoso motivador para el cambio. No necesitas sermones, solo experiencias que requieran ponerse en los zapatos del otro, y deja que la realidad hable.

Cuando ella se entusiasme con la costura, desempolva esa vieja máquina de tu madre que ha estado en el sótano durante años. Si decide recolectar retazos de tela de los vecinos para hacer camisas sencillas para una institución de beneficencia en Haití, dile: "Qué gran idea. Me encanta que estés aceptando este desafío y usando tu creatividad para hacer algo bueno por las personas que están pasando dificultades. Eso demuestra tu corazón generoso".

Los niños pueden volar alto cuando sienten que crees en ellos. Solo pregúntamelo a mí. Sin Mamá Leman, quien nunca dejó de creer en mí, no estaría donde estoy hoy. No me habría casado con mi hermosa y capaz esposa. No tendría cinco hijos en quienes creo y que creen en mí. Y no habría recibido el precioso privilegio de convertirme en abuelo.

En segundo lugar, los padres que saben manejar la autoridad de manera sabia comunican a sus hijos: *No tengo dudas de que puedes y tomarás buenas decisiones*. Pero no esperan pasivamente a que esas decisiones lleguen. Crean oportunidades para tomar decisiones y buscan "momentos de enseñanza", situaciones con consecuencias naturales que hacen el trabajo de enseñar sin necesidad de discursos por parte de los padres.

Las lecciones son mucho más duraderas cuando dejas que la realidad sea quien hable en lugar de hacerlo tú. Muchos niños desarrollan una especie de sordera selectiva hacia mamá o papá. Se desconectan tan pronto como perciben el inicio de un sermón. Ese "ajá" no es más que un intento de fingir que están escuchando; sin embargo, cuando las consecuencias de la vida real los golpean de frente, no pueden ignorarlas. Y lo mejor de todo es que no tuviste que involucrarte en el proceso.

Pasar la responsabilidad de la culpa no funciona cuando una decisión es exclusivamente de tu hijo y las consecuencias también lo son.

Por ejemplo, si tu hija de cuarto grado insiste en jugar fútbol en verano porque sus amigos lo harán, aunque sabes que querrá abandonar pronto al darse cuenta de que requiere correr mucho, de entrenamientos, y más tiempo en la cancha sin hacer nada, no le prohíbas intentarlo, pues sus amigos lo practican y ella es muy social. Solo tienes dinero para una actividad de verano.

Le dices: "Nosotros pagamos por una actividad cada verano. Si eliges hacer fútbol, esa será tu actividad en lugar del campamento, como hiciste el verano pasado".

Al principio, está emocionada porque está obteniendo lo que quiere en ese momento, pero el fútbol resulta exactamente como predijiste. Te dice que quiere dejarlo.

Tú encoges los hombros. "Bueno, eso depende de ti. Es tu actividad".

"Entonces ¿puedo dejarlo?", pregunta, pensando que todo está saliendo como esperaba. Está a punto de librarse de una aburrida actividad física.

"Claro, si eso es lo que quieres".

Deja el fútbol y luego dice que quiere ir al campamento de verano. Tu respuesta: "Si puedes reunir el dinero necesario antes del campamento, así como los costos para llegar allí, y creo que la gasolina costaría unos cincuenta dólares, puedes ir".

La realidad le cae encima. "Espera… siempre voy al campamento".

"Sí, eso es cierto, pero este año elegiste hacer fútbol". Entonces te volteas y te vas.

Tu hija de cuarto grado se queda sin actividades para el verano. Ya que dejó el fútbol, el entrenador, a quien le diste un aviso sobre la necesidad de una lección de vida, dice que no puede reincorporarla al equipo. Ella termina deambulando por los alrededores del campo de fútbol ese verano, viendo a sus amigas jugar.

Probablemente no estará muy contenta, pero habrá aprendido una valiosa lección que no olvidará pronto. La hará más sabia al tomar decisiones desde una edad temprana.

Adivino que, en algún momento en el futuro cuando tenga hijos propios, contará esta historia para enseñar algunas de las cualidades que *ella* espera inculcar en ellos.

En tercer lugar: *Te trataré siempre con respeto porque mereces respeto.* Los niños que crecen con una crianza donde se maneja correctamente la autoridad saben que tienen un valor propio inherente, porque sus padres los tratan de esa manera. Un niño no puede aprender qué es el respeto sin recibirlo primero. El respeto por sí mismo y por los demás es un componente fundamental para el éxito en la vida que le permite ampliar sus habilidades de procesamiento para nuevas experiencias, descubrir sus talentos, e interactuar de manera sana con los demás.

Los padres con una autoridad sana brindan a sus hijos lo que ellos mismos desearían: el beneficio de la duda antes de ser considerados culpables. Pregúntale a Brody, quien ahora tiene 27 años pero recuerda gráficamente un incidente que ocurrió en su casa cuando tenía cuatro años.

La familia tenía un pez dorado llamado Seymour, que había sido parte del clan desde que Brody era un bebé. Un día, mientras su mamá y su hermana mayor preparaban un glaseado verde para un pastel, a Brody se le ocurrió agregar unas gotas (bueno, bastantes) de colorante verde al acuario de Seymour.

Como era de esperar, el pez dorado terminó un poco verde de las branquias y poco después dejó este mundo.

Cuando su mamá vio el agua verde y los últimos movimientos del pez, supo de inmediato quién era el pequeño experimentador, pero no reaccionó como lo harían muchos padres. No gritó: "¡Brody, ven aquí ahora mismo y explica…!". En lugar de eso, se sentó junto a él y le dijo: "Veo que añadiste un poco de verde al agua de Seymour. Cuéntame sobre eso".

Brody, emocionado, explicó su razonamiento. Era el Día de San Patricio, y la familia O'Sullivan siempre lo celebraba a lo grande. Todos se vestían de verde y comían alimentos verdes. El pequeño Brody quería que su querido Seymour también participara en la fiesta. No tenía idea de que el agua de color acabaría con la vida del pez.

Brody nunca olvidará cómo su mamá manejó esa situación. Dice que recordarlo le enseña a ser paciente con sus propios hijos, que ahora tienen dos y cuatro años, y a no suponer lo peor antes de escuchar su perspectiva.

Si tus hijos hacen algo que no entiendes o con lo que no estás de acuerdo, puede ser útil preguntarles sobre ello antes de sacar conclusiones precipitadas.

Por ejemplo, tu hijo de nueve años desmonta la tostadora. Un padre con verdadera autoridad y sabiduría no diría: "¿Qué te pasó para hacerle eso a la tostadora? ¿No sabes que la necesitamos para el desayuno? ¿Qué te pasa?". En cambio, al encontrarte con las piezas de la tostadora esparcidas por la mesa, podrías decir: "Vaya, parece que tienes un proyecto en marcha. ¿Quieres contarme más sobre eso?".

Aunque te quedes sin tu tostada habitual para el desayuno, descubres que tu hijo tiene interés en la ingeniería. Simplemente quería saber cómo funcionaba la tostadora. Incluso afirma que puede volver a armarla. Tú eres escéptico, ya que no heredaste ninguna habilidad para las reparaciones.

SI TUS HIJOS HACEN ALGO QUE NO ENTIENDES O CON LO QUE NO ESTÁS DE ACUERDO, PUEDE SER ÚTIL PREGUNTARLES SOBRE ELLO ANTES DE SACAR CONCLUSIONES PRECIPITADAS.

Pero, maravilla de maravillas, cinco días después tienes una tostadora. Incluso está calibrada para ya no quemar tu pan. ¿Ves que eso fue mucho mejor que gritar? En el largo plazo, cinco días sin tostadas valieron la pena. Ahora tu hijo tiene diecisiete años y ha sido aceptado en el Instituto de Tecnología de Massachussets... todo porque le permitiste trabajar con esa tostadora y otros aparatos electrónicos en tu casa.

En cuarto lugar, los padres con una correcta autoridad le dicen a sus hijos *te considero un individuo único con tus propios talentos y no espero un clon de mí mismo*. Este tipo de padres vela por el bienestar de sus hijos, pero no viven sus vidas por ellos. Tan solo porque tú seas maestro no significa que debas esperar que tu hijo esté interesado en la educación. Puede que te encante esquiar, pero tu hija preferiría ser levantadora de pesas. Te encanta organizar fiestas, pero tu hijo es más del tipo que prefiere encerrarse en su cuarto.

Las diferencias no están mal, simplemente son... diferentes. Cuando aceptas esa verdad, puedes llevarte admirablemente incluso con el hijo que es más diferente a ti. Podrás identificar más fácilmente sus talentos, ver esos dones en acción y apoyarlos diciendo: "¡Vaya! Gran trabajo. Veo que le has dedicado mucho tiempo y atención a eso. Debe sentirse bien ese resultado tan bueno".

LAS DIFERENCIAS NO ESTÁN MAL, SIMPLEMENTE SON... DIFERENTES. CUANDO ACEPTAS ESA VERDAD, PUEDES LLEVARTE ADMIRABLEMENTE INCLUSO CON EL HIJO QUE ES MÁS DIFERENTE A TI.

En quinto lugar, *la vida no siempre será fácil, pero lo haremos juntos*. Los niños criados con padres que entienden lo que es autoridad, tienen un profundo sentido de seguridad. Saben que estarás allí para ellos pase lo que pase. El hogar es un lugar de seguridad donde las reglas no cambian. Los miembros de la familia se respetan y se escuchan mutuamente, estableciendo un patrón donde cualquier tema es válido para discusión. Eso mantiene la conversación fluida incluso cuando los amigos se vuelven una parte importante de la vida de tus hijos. Cuando hay apoyo en casa, los niños pueden relajarse. No tienen que competir por obtener afecto.

Tampoco esperas que tus hijos sean los mejores en todo. En cambio, prestas atención a lo que les interesa y trabajas activamente para entrar en ese mundo. Tus hijos hacen lo mismo por ti. Porque son familia, son "todos para uno y uno para todos", un equipo de dos, tres, cuatro o más, unidos contra cualquier problema.

TU "DÍA DE TRANSFORMACIÓN"

¿De verdad quieres criar hijos exitosos? Entonces decide hoy que ya no serás prisionero del estilo de crianza de tus padres. Ahora *tú* eres el papá o la mamá. Es tu decisión cómo criarás.

Haz de este día tu "Día de Transformación".

Busca un lugar tranquilo. Identifica el tipo de papá o mamá que has sido debido a tu propia crianza y otras experiencias. Reconoce los errores que cometiste como resultado (no te preocupes, solo tú escuchas tu diálogo interno). Luego di en voz alta: "Pero todo eso está en el pasado. Ya no soy un niño. Ya no estoy bajo la autoridad de mis padres. Hoy elijo hacer las cosas de manera diferente. Pensar de manera diferente. Actuar de manera diferente".

Lo que sucedió en el pasado te llevó al lugar donde estabas antes de abrir las páginas de este libro, pero si ese pasado influye o no en tu futuro, depende por completo de ti. El pasado solo tiene el poder que le otorgas. Hoy es el día para cambiar tu diálogo interno.

Descarta cualquier idea preconcebida sobre la crianza que te haga sentir abrumado o incapaz. Deja atrás los errores que cometiste. Elige avanzar hoy como un papá o una mamá que maneja la autoridad con sabiduría. Sé el tipo de padre que se convierte en esa voz en la cabeza de tu hijo que dice: "Creo en ti. Sé que puedes hacerlo. Estoy orgulloso de ti y de quién eres", una voz que aún se escuchará años después.

Tú eres el héroe o la heroína que tu hijo busca y quiere admirar más. Ningún superhéroe de Marvel tiene nada que envidiarte.

Aunque sí ofrecen historias bastante épicas.

ESTRATEGIA 5

DISCIPLINA, NO CASTIGUES

Por qué la disciplina basada en la realidad es excelente, el castigo arruina, y la regla de las tres C siempre funciona.

Solía tener un *cocker spaniel* cuyo nombre era *Trouble* (Problema). Bueno, en realidad no era su nombre, pero bien podría haberlo sido. Por más que intentamos entrenarlo, no escuchaba. Tenía una voluntad propia que no se dejaba doblegar. Una vez incluso agarró el pastel de carne gourmet de mi esposa directamente de la mesa del comedor, justo frente a nosotros, y salió corriendo por el pasillo con él. La comida enlatada no fue un reemplazo culinario muy sabroso para ese pastel de carne.

Cuando le decíamos no, a veces accedía, hasta que nos enfocábamos en otra cosa; entonces se deslizaba como un gato hacia ese objeto prohibido y lo hacía suyo.

Aprendimos por las malas que debíamos ser consistentes con nuestras mascotas. Si no disciplinas a tu *cocker spaniel,* ¿adivina qué va a pasar? Tendrás un perro que hace cosas malas, como masticar alfombras y robar zapatos, y que te vuelve un poco loco.

Los niños tienen similitudes con los perros en lo que respecta a la disciplina. Sin disciplina, y la consistencia y estabilidad que esta proporciona en una relación amorosa, los niños se descontrolarán.

TU OPORTUNIDAD SIN PRECEDENTES

Piensa unos pocos o muchos años atrás, cuando decidiste: "Tengamos un hijo" o cuando ocurrió inesperadamente. O cuando tu sueño de adoptar un niño se hizo realidad. ¿Sabías exactamente en qué te estabas metiendo?

La mayoría de ustedes se ríen con esa pregunta, y con razón.

Si eres como muchos padres, podrías haber pensado: "Tenemos un BMW. Tal vez deberíamos tener un hijo. Ya sabes, una de esas cositas de dos piernas que corre y hace ruido. ¿Por qué no entrar en la etapa de pañales, ropa interior de entrenamiento y esos juguetes coloridos por un tiempo? No puede ser tan difícil, ¿verdad? Después de todo, hay muchos niños por todo el planeta. Apuesto a que sería divertido".

Entonces llegó el niño, y experimentaste alimentarlo a las dos de la mañana, los episodios de cólicos, las rodillas raspadas, y mucho más. Trabajabas a tiempo completo, así que te preguntaste: *¿Qué voy a hacer con el bebé cuando termine mi licencia de maternidad?*

Algunos de ustedes tuvieron la suerte de contar con una abuela o un abuelo cerca que accedieron a cuidar al bebé parte del tiempo. Tal vez pudieron reorganizar sus horarios de trabajo, trabajar desde casa, pasar a medio tiempo o hacer otros arreglos, como intercambiar horas de cuidado con otro padre trabajador. Otros contrataron una niñera o encontraron una guardería en la que se sintieron cómodos.

Sea cual sea la situación que eligieron o estén eligiendo ahora, los animo a recordar un concepto fundamental. En los primeros años, los niños son como cemento fresco, para citar el título del clásico libro de Anne Ortlund.[1] Las impresiones que dejas en el corazón, los valores, las actitudes y las acciones de tu hijo desde el momento en que entra en tu hogar se solidifican a medida que crecen.

Eso significa que si tienes hijos pequeños, tienes una oportunidad sin precedentes para cambiar el tipo de huella que estás dejando desde el principio. Otros tendrán que esforzarse un poco más, ya que el cemento ha comenzado a endurecerse. Los patrones serán más difíciles de alterar; sin embargo, sin importar cuál sea su edad, *ahora* tienes la oportunidad de dejar un impacto que nadie más puede tener, porque eres su papa o su mamá. Ellos tienen muchos amigos, pero solamente tú ostentas ese título tan estimado. Por eso, nunca deberías ceder fácilmente tu autoridad a nadie más. Eso incluye a maestros, cuidadores, entrenadores, directores de programas extracurriculares o cualquier "guardería".

La palabra *autoridad* tiene mala reputación hoy en día. A la gente no le gusta usarla. Se resiste a ella; sin embargo, en realidad es una palabra buena y necesaria.

No soy científico, pero incluso yo puedo entender lo que me explicó una vez un amigo físico. El eje de la Tierra está inclinado a un ángulo de 23.5 grados mientras orbita alrededor del Sol. Gracias a esa inclinación, y al hecho de que el Sol brilla en diferentes latitudes en distintos ángulos, América del Norte tiene las estaciones de primavera, verano, otoño e invierno. También tenemos día y noche, en contraste con los lugares fríos del círculo ártico, donde hay 24 horas de oscuridad en el invierno y 24 horas de luz en el verano. Durante miles de años, la Tierra oscila muy lentamente, ajustando ligeramente ese ángulo; sin embargo, si la Tierra se inclinara un solo grado hacia un lado, moriríamos quemados. Un grado hacia el otro lado y nos congelaríamos.

Incluso en la creación hay autoridad y reglas integradas que nos mantienen a salvo en este planeta. De la misma manera, la autoridad en la crianza es buena y necesaria, cuando se usa con discernimiento. Tú y tu hijo son iguales en valor como seres humanos, pero desempeñan funciones diferentes. Tu hijo no ha estado tanto tiempo en el mundo como tú; por lo tanto, hay momentos en los que, para mantenerlo seguro en un mundo que no siempre es amable o está enfocado en sus mejores intereses, debes usar tu carta de autoridad parental sabiamente.

La mayoría del tiempo, sin embargo, debes mantener ese as bajo la manga. Permitir que tu hijo tome decisiones, experimente las consecuencias y luego siga adelante lo prepara para el éxito. Construye confianza, autoestima, valor, tenacidad, resistencia, honestidad, la capacidad de disculparse, y muchas otras cualidades de carácter que le ayudarán a sobresalir en las áreas de su interés.

SOLUCIONES DE 10 SEGUNDOS DEL DR. LEMAN

Pregunta: Nuestros cuatro hijos se pelean por lo más insignificante. ¿Cómo puedo conseguir que dejen de hacerlo? ¿No se supone que los hermanos deben amarse y cuidar unos de otros?

Respuesta: Fácil y sencillo. Deja de jugar a ser la jueza y sal de escena. Tan pronto como tus hijos se den cuenta de que ya no tienen a la audiencia principal a la que quieren impresionar, que eres tú, la pelea se desvanecerá. Probablemente se miren el uno al otro con un poco de vergüenza y luego se retiren con sigilo. Después de todo, toda esa pelea fue montada para llamar *tu* atención. Tus hijos son mucho más inteligentes de lo que piensas.

También se quieren y cuidan más de lo que podrías imaginar. Puede que peleen como locos en la casa, pero en la escuela o en el vecindario hay un 99 por ciento de probabilidades de que se apoyen mutuamente.

Una vez vi a una niña de tercer grado arrojar contra un casillero escolar a un niño de quinto grado mucho más grande que ella porque él seguía molestando a su hermano de quinto grado, que era más pequeño del promedio. Esos dos hermanos eran conocidos por pelearse como perros y gatos, pero no había forma de que ella permitiera que alguien fuera de su clan golpeara a su hermano sin hacer algo al respecto.

Veinte años después, los dos todavía se cuidan las espaldas. Tus hijos también lo harán.

La disciplina tiene que formar parte de cualquier relación amorosa. Y al igual que la crianza, la disciplina no es un trabajo de nueve a cinco o una tarea que emprendes tras el trabajo, como poner la ropa en la lavadora. Es un trabajo las veinticuatro horas, siete días por semana; sin embargo, es el trabajo más gratificante que jamás tendrás, porque forja una relación de por vida que da a tu hijo la mejor base para el éxito.

¿DISCIPLINA O CASTIGO?

Cuando le pregunté a un grupo de padres qué pensaban que era la *disciplina*, un padre levantó la mano y exclamó: "Lograr que el niño haga lo que se supone que debe hacer".

Casi todos en la sala se rieron. Cabezas asintieron en acuerdo.

"Es justo", dije. "Ese es un objetivo de la disciplina, pero ¿qué sucede cuando *no* hace lo que se supone que debe hacer? ¿Qué haces entonces?".

Cada padre en el planeta sabe que unos pocos niños probablemente harán lo que se les pide. Algunos necesitan un pequeño empujón. Otros son como caballos salvajes que luchan contra cualquier intento de liderazgo.

Si quieres criar a un niño que se convertirá en un adulto exitoso, la disciplina es una base fundamental para fomentar el desarrollo de las cualidades de carácter clave que soñaste en la Estrategia 1. Sin embargo, muchos confunden la disciplina con el castigo o usan los términos indistintamente, pero su propósito y proceso son bastante diferentes.

La disciplina es el proceso constante, día a día, hora a hora, de enseñar a un niño a explorar, entender y aceptar valores, ideales, formas de pensar y acciones específicas. El objetivo no es controlar, sino enseñar. Es un proceso intencional de desarrollar actitudes ganadoras y un carácter excelente que influye directamente en la conducta. No es algo que un padre logre por casualidad. Es una respuesta medida, cuidadosamente pensada de antemano, para preparar a un niño para las muchas situaciones que enfrentará o está enfrentando actualmente.

Por lo tanto, cuando surgen situaciones específicas, el padre ya tiene un mapa de ruta sobre cómo manejarlas. Cuando se lleva a cabo con amor y equilibrio, la disciplina prepara a un niño para el éxito personal, relacional y profesional a lo largo de su vida.

El castigo, por otro lado, es una reacción a una circunstancia específica. Las reacciones se basan en la emoción del momento en lugar de ser una respuesta planificada previamente a un comportamiento. Las acciones entran en juego antes de que el pensamiento racional lo haga. A menudo se recurre a sobornos y amenazas. Cuando ninguna técnica funciona, se impone el castigo.

CASO DE ESTUDIO 1. EL PRECIADO OBJETO HEREDADO DE LOS OLSON

La familia Olson tiene una preciada lámpara de vidrio colorido que está en la mesa de la sala. Es una herencia hecha por el abuelo de la Sra. Olson y tiene un significado especial para ella.

EL MÉTODO DEL CASTIGO

Natán, de cuatro años, toca la lámpara de vidrio colorido después de que se le ha dicho que no lo haga. Es una "herencia familiar" y está "prohibido", dice su mamá.

Él no tiene idea de lo que eso significa. Solo sabe que su mamá, que es estricta con otras cosas, está muy preocupada porque él toque la lámpara.

Etapa de soborno: "Te daré una galleta si la dejas en paz", dice mamá. Él asiente y ella le da la galleta, la cual él devora rápidamente.

Pero una hora después, la forma en que la luz del sol juega con los colores de la lámpara es irresistible. Natán toca la lámpara de nuevo.

Etapa de amenaza: Mamá, con ojos de águila, detecta su infracción desde la puerta y entra rápidamente en la sala. "Natán, te dije que no tocaras eso. Tu bisabuelo lo hizo. No es un juguete. Si lo tocas una vez más, te enviaré a tu cuarto".

Cinco minutos después, mamá no está a la vista. Natán se dirige directamente a la lámpara y agarra la joya roja que cuelga de ella; sin embargo, esta vez la lámpara se cae, se desliza de la mesa y se rompe en el piso en una lluvia de vidrios multicolores. Natán observa asombrado.

Castigo por parte del ángel vengador: Mamá entra apresurada, evalúa el daño y explota. "*Te dije* que no tocaras eso. ¿Por qué lo tocaste? ¡Eres malo! ¿Por qué eres tan malo? ¿Por qué tengo un hijo como tú? ¿Qué hice para merecer esto? ¡Vete a tu cuarto ahora mismo! Esta noche no tendrás cena". Señala con su dedo imperiosamente hacia su cuarto.

Intimidado, Natán se dirige a su cuarto. Pero su mamá no ha terminado.

El segundo golpe: "Y para que lo sepas, vamos a cenar sándwiches de queso a la parrilla con sopa de tomate. Tus favoritos. Y *tú* no tendrás nada".

Mamá gira sobre sus talones y se marcha hacia la cocina en una nube de vapor.

Las consecuencias inmediatas: El castigo se aplica con una carga emocional muy alta en el momento de mayor impacto. Mamá, que ha perdido su preciada lámpara heredada, no está siendo racional. Lo único que puede ver a través de su enojo son esos fragmentos multicolores de vidrio esparcidos por el piso. Lo que sale de su boca es una reacción visceral.

Quiere que ese niño pague. Va a recibir lo que merece y algo más. Está enojada porque no la escuchó, a pesar de que le advirtió varias veces. Peor aún, siente que a él no le importó que la lámpara fuera importante para ella y que la rompiera. Su día entero está arruinado.

Mientras tanto, Natán está escondido en una esquina de su cuarto detrás de su montón de animales de peluche. Sabe que su mamá está enojada, pero no tenía intención de romper la lámpara. Simplemente pensó que era bonita y quiso explorarla. Su mamá a menudo le decía que no hiciera cosas, pero luego lo dejaba salirse con la suya. Está confundido acerca de por qué esta vez es diferente.

Ya sé, piensa. *Solo esperaré. Se le pasará. Me dejará cenar cuando se calme. Me encantan los sándwiches de queso a la parrilla y la sopa de tomate.*

Pero mientras está sentado allí, encogido en forma de bola, recuerda las palabras de su mamá: "Eres malo. ¿Por qué eres tan malo? ¿Por qué tengo un hijo como tú?". Le duelen.

La consecuencia secundaria: Media hora después, mamá se ha calmado en la cocina. Esos ejercicios de respiración profunda le han servido. Mientras comienza a preparar la cena, se siente mal por toda la situación. Natán generalmente es un buen niño, pero a veces su curiosidad causa problemas. ¿Por qué reaccionó de modo tan exagerado?

El sentimiento de culpa aparece, especialmente al recordar que le dijo que era malo. ¿Qué clase de madre terrible dice eso? Mucho menos retener comida a su hijo de apenas diecinueve kilos.

Cuando llega la hora de la cena, desliza una bandeja de comida frente a la puerta cerrada del cuarto de Natán. Contiene sopa de tomate humeante con un toque de mantequilla y un sándwich de queso a la parrilla cortado en triángulos, tal como le gusta a Natán.

"Natán", le ruega, "mamá no lo decía en serio. Solo estaba enojada. Lo siento. Te preparé lo que te gusta. Abre la puerta".

Cuando él abre la puerta, tiene un banquete abundante frente a él para aliviar el hambre. Más aún, mamá no menciona la lámpara rota.

Pero ¿qué ha aprendido Natán? Que si espera lo suficiente, ella se calmará y no lo castigará. Así que, ¿por qué no tocar lo que quiera? No hay consecuencias a largo plazo. Mamá puede hablar muy en serio en el momento, pero no seguirá adelante con lo dicho, al menos no por mucho tiempo.

Avancemos unos años. ¿Crees que ese niño, ahora adolescente, tratará a su mamá con respeto si escenas como esa se repiten entre ellos?

EL MÉTODO DE DISCIPLINA

¿Qué hubiera pasado si en cambio hubiera ocurrido lo siguiente?

Mamá ve a Natán mirando esa lámpara. Conociendo a su hijo siempre curioso y explorador, se sienta a su lado. "Es linda, ¿verdad?".

Él asiente. "Sí".

"Cuando era pequeña, esa lámpara siempre me fascinaba", dice mamá. "De hecho, hubo una vez que intenté tocarla y me metí en problemas. No pensé que fuera un gran problema, hasta que mi papá me explicó por qué era importante.

Le cuenta a Natán sobre un niño que ahorró cada moneda que pudo cuando era joven para comprar piezas de vidrio porque quería construir una lámpara. Le tomó siete años crear esa lámpara. Ese niño era el bisabuelo de Natán.

"Esa lámpara cuenta una historia muy emocionante", dice mamá. "Si tienes paciencia, crees en tus sueños y trabajas duro, tú también puedes hacer cosas que sean únicas y hermosas". Abraza a Natán. "Así como tu bisabuelo hizo esta lámpara".

Antes de levantarse para regresar a sus tareas, le dice: "Si alguna vez quieres tocar la lámpara, avísame. Podemos hacerlo juntos. Pero tienes que tocarla con mucho, mucho cuidado, porque es antigua".

Esa situación tomó un total de cinco minutos, pero esa mamá inteligente creó un momento de enseñanza que durará mucho más tiempo. Usó el impulso natural de su hijo de tocar cosas lindas para compartir una historia de su infancia que incorporó los rasgos de carácter que quería cultivar en él: paciencia, autoconfianza, autoestima, la capacidad de pensar en grande y la pasión por trabajar duro.

¿El giro final? En lugar de sofocar el rasgo explorador de su hijo, lo moderó diciéndole que podía tocar el objeto, pero que debía hacerlo en su presencia.

Los niños no se rebelan contra cosas que les han dicho que hagan. Se rebelan contra cosas que les han dicho que no hagan. Elimina eso, y no hay rebelión. Si esperas lo mejor o explicas por qué algo es importante, probablemente sacarás lo mejor de tu hijo.

Además, lo que muchos padres asumen como rebeldía es simplemente curiosidad y falta de autocontrol. Por ejemplo, un niño de dieciocho meses encuentra los agujeros en el enchufe de la pared. Trata de meter el dedo. Le dices que no lo haga, pero lo hace de nuevo. Está buscando causa y efecto.

LOS NIÑOS NO SE REBELAN CONTRA COSAS QUE LES HAN DICHO QUE HAGAN. SE REBELAN CONTRA COSAS QUE LES HAN DICHO QUE NO HAGAN.

¿Qué pasa si meto mi dedo en ese agujero? Ah, ya veo, mamá viene corriendo, me levanta y hace este pequeño baile. Es muy entretenido. Vamos a hacerlo de nuevo.

Mientras más reaccionan y sobrerreaccionan los padres, más probable es que esa conducta específica se repita.

En cuanto al niño fascinado con la lámpara de cristales, ¿quién sabe? Tal vez algún día termine siendo un artista por derecho propio. Incluso podría crear muebles con piezas de vidrio coloreado para honrar a su bisabuelo.

Mi propio hijo, Kevin Leman II, solía buscar excusas para faltar a la escuela a veces y ver programas de concursos porque le resultaban fascinantes. Lo que no sabíamos es que, un par de décadas después, él estaría creando sus propios programas de concursos y ganando múltiples premios Emmy.

Así que, papá, mamá, mantén el panorama general en mente. Conocer a tu hijo y sus intereses te ayudará a evaluar cómo abordar cualquier situación de manera que sea un triunfo en el largo plazo para ambos.

ESTUDIO DE CASO 2: EL DILEMA DE LOS ROSARO

La familia Rosaro es conocida por su ética de trabajo y sus fuertes valores familiares. Su hija mayor, Sofía, recientemente obtuvo su licencia de conducir y su primer empleo después de la escuela en un pequeño supermercado.

EL MÉTODO DEL CASTIGO

Sofía le pide a su papá si puede usar el auto familiar después de la escuela, ya que tiene que trabajar hasta más tarde de lo usual y quiere reunirse un rato con sus amigos. Papá acepta pero le dice que debe estar en casa antes de las ocho de la noche, ya que él y mamá tienen que ir a una reunión comunitaria.

Etapa de soborno: Papá sabe que Sofía tiende a socializar y olvidarse del tiempo. Le dice: "Mira, si te aseguras de llegar a casa a las ocho, te daré veinte dólares para que los gastes como quieras".

Etapa de amenaza: Antes de entregarle las llaves, añade: "Si no estás en casa a las ocho, tu mamá y yo no llegaremos a tiempo a la reunión comunitaria. Sabes cuán importantes son esas reuniones para nosotros. Nos sentiremos avergonzados frente a todo el vecindario si llegamos tarde. Así que, jovencita, más vale que estés en casa a esa hora, o pasará mucho tiempo antes de que vuelvas a usar el auto".

"Lo entiendo, papá," responde Sofía. "Estaré en casa".

Pero llegan las ocho de la noche y Sofía no está en casa. Tampoco responde a su celular. Luego pasan de las nueve horas, y sus padres se pierden la reunión. Llaman al trabajo de Sofía, y la tienda dice que no se presentó.

Sofía llega a casa con el auto unos minutos antes de las diez de la noche.

Castigo por el ángel vengador: Papá le espera en la sala de estar. "¿Dónde estuviste?", le grita. "¿Sabes qué hora es? Casi las diez de la noche. Tu mamá y yo perdimos nuestra reunión por tu culpa. Te dije que estuvieras en casa antes de las ocho. ¿No te lo dije?".

No espera a que ella responda y sigue. "Sé que me escuchaste. ¿Qué tienes que decir?".

"Papá, lo siento mucho," dice Sofía. "Sé qué hora es. Sé que ustedes perdieron su reunión. Pero...".

Él la interrumpe. "Eso es todo. No puedo confiar en ti con el auto. Pasará mucho tiempo antes de que te lo volvamos a prestar. Quizá hasta que estés en la universidad. Ahora vete a tu cuarto. Ahora mismo".

"Pero, papá...".

El segundo golpe: "Solo por discutir conmigo, estás castigada. Por un mes. Voy a llamar a esa tienda y decirles que no permitiré que trabajes allí más. Pensé que eras lo suficientemente madura como para ser responsable, pero supongo que no es así".

Ella lo intenta de nuevo. "¿Me dejarías explicar...?".

"No hay excusas," afirma él. "Lo estropeaste. No puedes dar explicaciones".

La consecuencia inmediata: Sofía deja las llaves en la mesa de la sala y se refugia en su cuarto. *Papá siempre es así,* piensa frustrada. *Nunca escucha. Y, aunque si supiera lo que realmente pasó, dudo que le importara. Lo único que le importa es que su precioso auto esté en casa a tiempo y asistir a esa reunión. Eso es más importante que su hija. Estoy harta de esto. No veo la hora de irme de aquí.*

Papá se queda sentado en la sala, enojado. No puede creer que su hija fuera tan irresponsable. Pensó que la había criado bien. Incluso se había saltado el trabajo, después de hablar tanto sobre cuán importante era ganar dinero para ella. Pero lo defraudó. Peor aún, no podía confiar en que estuviera donde decía que estaría.

La consecuencia secundaria: Sofía pasa los tres siguientes días evitando a su papá, lo cual no es fácil estando castigada. Está avergonzada porque él llamó a la tienda y frustrada porque trabajó duro para conseguir ese empleo. Ha renunciado a que él escuche algo de lo que tenga que decir.

Papá también está avergonzado. Al día siguiente de gritarle a Sofía, su furiosa esposa lo pone en su lugar. Sofía le contó la verdadera historia de lo que pasó esa noche. Él no sabe qué hacer para arreglarlo. ¿Por qué dejó que su temperamento se descontrolara? Y ¿por qué ni siquiera le preguntó por qué llegó tarde antes de perder los nervios? Ahora su hija no le habla y probablemente no lo hará en un futuro cercano.

LAS PALABRAS "LO SIENTO. ME EQUIVOQUÉ. PERDÓNAME" SON LOS PRIMEROS PASOS PARA DERRIBAR CUALQUIER BARRERA.

En esta situación, ¿qué aprendió la hija? Que no podía confiar en que su papá la escuchara, así que, ¿para qué hablar con él de nada? Si acudía a él con algún problema en el futuro, probablemente la avergonzaría, como lo hizo cuando llamó a la tienda y dijo que dejaría su trabajo. Y, sobre todo, que él no tenía respeto por ella como persona, y mucho menos como su hija. La llamó irresponsable y la castigó por ayudar a una amiga.

La distancia entre ellos aumentará a menos que papá aprenda a decir: "Lo siento. Metí la pata. No escuché tu explicación cuando debería haberlo hecho. Por favor, perdóname".

Tú eres el adulto, papá o mamá. Tú deberías ser el primero en dar el paso para decir que te equivocaste. Las palabras "Lo siento. Me equivoqué. Perdóname" son los primeros pasos para derribar cualquier barrera.

EL MÉTODO DE DISCIPLINA

Repitamos esa misma situación utilizando el método de disciplina.

Cuando Sofía le pide a su papá si puede usar el auto familiar, él responde: "Por supuesto. Confío en ti. Tu mamá y yo tenemos que salir a una reunión a las ocho, y necesitaremos el auto".

"Entendido, papá", dice Sofía.

Pero no llega a casa hasta poco antes de las diez.

Papá la está esperando en la sala cuando entra. Ella siempre ha sido una buena chica y responsable, por lo que sabe que tiene que haber una razón para que llegue tarde. Aun así, no puede evitar estar preocupado, ya que no pudo contactarla por su celular.

"Me alegra que estés en casa," dice papá. "Comenzaba a preocuparme".

"¡Papá!" Sofía corre hacia él y lo abraza. "Lo siento muchísimo. Sé que tú y mamá se perdieron su reunión. Me siento muy mal por eso. Perdí la noción del tiempo".

Él no hace preguntas. No le dice: "¿Y dónde estabas, señorita?". Se queda esperando a que ella cuente la historia.

"Tuve la noche más loca", comienza a decir. "¿Está mamá también por aquí? Quiero que ambos sepan lo que ocurrió".

Sofía había estado camino al trabajo cuando su mejor amiga le llamó diciendo que su mamá estaba muy enferma. Sofía llevó a ambas al hospital, y la mamá fue admitida por un cálculo renal. Sofía intentó llamar al trabajo para avisar que llegaría tarde, pero su celular se quedó sin batería a mitad de la llamada.

En el ajetreo del hospital, se quedó al lado de su amiga, que estaba llorando de preocupación por su mamá. En medio del caos no notó la hora hasta que ya pasaban de las nueve y media de la noche. Entonces condujo rápidamente a casa.

Sin duda, ese padre estaba agradecido de no haberle gritado a su hija sobre ser irresponsable con el auto o no regresar a la casa a tiempo. En lugar de eso, al escuchar su versión de los hechos antes de juzgarla, mantuvo el énfasis del evento en fortalecer su relación y convertirlo en un momento de aprendizaje.

Por su parte, Sofía se disculpa por llegar tarde y preocuparlos.

"Entendería si no quieres que vuelva a usar el auto por un tiempo. Dije que estaría en casa a las 8:00 y rompí esa promesa".

Ahí está la hija responsable y confiable que su padre conoce. Está dispuesta a aceptar las consecuencias por ayudar a su amiga. Él la tranquiliza.

"Diría que tuviste una muy buena razón para llegar tarde. Podemos dejar pasar esta. Pero en el futuro...".

Ella se ríe. "Lo sé. Aprendí una gran lección esta noche".

"¿Y esa lección es...?", la anima él.

"Que debo llevar un cargador en mi bolso y dejarlo ahí. ¿Está bien si tomo el extra que está en la cocina?".

Él sonríe. "Claro. Esa es una gran solución".

Ese papá trató a su hija con respeto. No perdió los nervios en una situación estresante. No lanzó castigos, como un mes sin salir, solo porque llegó tarde. Confió en lo que sabía sobre su hija: que tenía buen carácter, era responsable, y probablemente tenía una buena explicación para su tardanza. En resumen, tuvo confianza en ella.

Eso, papá y mamá, es lo que ocurre cuando te enfocas en criar hijos exitosos. Sí, la vida sucede, y no todo resulta como esperas; sin embargo, el fundamento de confianza y respeto en tu hogar permite que ambos tracen un camino hacia adelante en cualquier situación mientras fortalecen su relación.

POR QUÉ LA DISCIPLINA FUNCIONA

Todo el mundo comete errores. Todo el mundo tiene defectos. Eso incluye a ti y a tu hijo. El castigo impuesto por enojo o venganza no cultivará el carácter de tu hijo. Tampoco lo hará permitir que te falte al respeto o que continúe conductas poco útiles que puedan dañar sus perspectivas personales, laborales y profesionales.

Decirle a un niño qué hacer puede funcionar cuando es pequeño. Contenerlo físicamente cuando se enoja y hace un berrinche también puede funcionar. Pero ¿qué sucede cuando ese niño pequeño se convierte en un estudiante de secundaria de noventa kilos? Nunca permitas que la falta de respeto de ningún tipo gobierne en tu casa.

Una hija que te tiene completamente dominado puede parecer "adorable" cuando es pequeña; sin embargo, ¿qué sucede cuando tiene trece años y te manipula para que la lleves a lugares con el fin de salir en secreto con un muchacho que está por graduarse de la secundaria?

¿Y si tu hijo quiere que llenes sus aplicaciones de ingreso a la universidad porque es demasiado perezoso para hacerlo él mismo? ¿Te mudarás con él a la residencia estudiantil, asistirás a sus clases, redactarás sus trabajos y presentarás sus exámenes, solo para que pueda continuar con la vida cómoda a la que está acostumbrado?

Los dos casos anteriores destacan diferencias importantes entre castigo y disciplina. El castigo se enfoca en el evento específico y categoriza al niño como "malo" por ese suceso. Las decisiones tomadas en el fragor del momento generan culpa, y la culpa nunca conduce a una conducta equilibrada. Si te excedes en el castigo, terminarás intentando pacificar o compensar a tu hijo debido a la culpa posterior. Aunque un poco de dulce venganza pueda sentirse bien en el corto plazo, no da frutos ni funciona en el largo plazo. Solo sirve para alejarte de tu hijo.

La disciplina, por otro lado, se centra en el objetivo final de desarrollar un rasgo de carácter deseado y construir una relación a largo plazo. Requiere previsión y planificación para decidir cómo actuarás cuando ocurran situaciones inesperadas.

SOLUCIONES DE 10 SEGUNDOS DEL DR. LEMAN

Pregunta: Mi hija de ocho años molesta a otros niños. Esta es la tercera vez que he tenido que salir del trabajo por una llamada de su maestra. Aunque la castigo durante una semana todas las veces, ella se encoge de hombros y pregunta si le vamos a comprar su comida favorita de camino a casa. ¿Por qué no cambia?

Respuesta: ¿Por qué debería cambiar? Al molestar a otro niño, ella obtiene cuatro recompensas: faltar a la escuela, controlarte al obligarte a salir del trabajo, conseguir su comida favorita para el almuerzo, y tener más tiempo libre para hacer lo que quiera. Sin mencionar la adrenalina que siente al ser la "jefa" temporal, antes de que la maestra y el director intervengan.

Para detener la conducta, debes dejar de recompensarla. La próxima vez que ocurra, y probablemente sucederá si el patrón se mantiene, habla seriamente con el maestro o director. Diles que quieres que el acoso se detenga, por el bien de todos. Pídeles que castiguen a tu hija unas horas después de la hora del almuerzo sin darle comida. Tómate tu tiempo para llegar a la escuela, después de terminar tus reuniones de trabajo. Mejor aún, hazlo al final de tu jornada laboral.

En el camino a la casa, pasas por ese autoservicio de comida rápida.

"Te lo perdiste", señala ella. "No vamos a comprar comida hoy", dices. Tu auto no se dirige a ningún otro lugar más que a casa.

Una vez en casa, no das sermones. No le preguntas qué pasó. No le haces el almuerzo. Ella tiene que buscar algo para comer.

Cuando está a punto de dar un bocado, le entregas unos papeles. "Como faltaste a tus clases hoy, tus maestros te dieron tarea extra. También necesitas escribir una historia para la clase de inglés y presentarla mañana frente al grupo. Nos vemos en la mañana". Te retiras para terminar tu trabajo y luego disfrutas de una noche de sueño reparador.

Lo que suceda o no suceda con esa tarea escolar es decisión de ella, no tuya. Incluso a los acosadores no les gusta ser avergonzados frente a sus compañeros.

Si quieres que una conducta se detenga, deja de recompensarla. Permite que las consecuencias reales hablen por ti.

Si castigas a tu hijo, estás fuera de control. Estás dejando que la situación dirija tus emociones y acciones, y etiquetando al niño por esa conducta.

Si disciplinas a tu hijo, estás en control. Actúas en el mejor interés de tu hijo para moldear mejor su carácter. Te tomas el tiempo necesario para evaluar la situación antes de hablar o actuar. Ese tiempo te permite reflexionar sobre tu objetivo como padre: *¿Qué necesita aprender mi hijo en esta situación para ayudarlo a prepararse para la vida?* Entonces puedes responder de una manera que cumpla con ese objetivo.

LECCIONES DE "LOS TRES CERDITOS"

En la conocida fábula de "Los Tres Cerditos", tres cerditos construyen cada uno una casa para protegerse del Gran Lobo Feroz que quiere comérselos. Aquí está mi interpretación de lo que realmente ocurrió:

El Cerdito 1 no está muy interesado en trabajar. Solo quiere terminar rápido para así poder seguir haciendo lo que le plazca. Quiere salir del paso, como diría un amigo mío. Después de todo, mamá lo envió al mundo a buscar su fortuna, y eso es lo que planea hacer lo más rápido posible. No quiere que una tarea de bajo nivel, como construir un techo sobre su cabeza, lo detenga.

Usaré paja, piensa. *Eso será fácil y rápido de usar. Además, voy a estar ganando dinero y haciendo una mejor vida para mí. ¿Qué importa cómo se construya esta casa? Solo la usaré para dormir. ¿Y qué si llueve un poco dentro sobre mi cabeza?*

Pero eso no funciona muy bien para este cerdito, que termina siendo la cena del lobo.

El Cerdito 2 piensa: *¡Vaya, qué tonto es mi hermano por usar paja! Aunque, bueno, nunca fue el más listo en casa. Ya lo sé. Usaré palos. Son más fuertes que la paja, así que serán más difíciles de derribar para ese lobo. Además, hay muchos palos en el bosque. Los recogeré y veré cómo encajan. Estoy seguro de que puedo encontrar una combinación que funcione.*

Sin embargo, ese método improvisado no le funciona bien al Cerdito 2. El Gran Lobo Feroz sopla y sopla, y derriba su casa. Ese cerdito se convierte en un delicioso bufet para su enemigo.

Luego está el Cerdito 3. Este se toma un tiempo para pensar en el mejor enfoque para construir los cimientos y la casa más fuertes. Después de recolectar información de expertos en construcción del bosque, como los castores, que son conocidos por su oficio, evalúa el entorno. ¿Qué herramientas y materiales están fácilmente disponibles? ¿Qué clase de enemigos podría enfrentar? ¿Qué preparación necesita para protegerse a sí mismo, a la futura Sra. Cerdita y a todos los cerditos que llegarán?

Después de una cuidadosa consideración, traza unos bocetos y decide el mejor plan.

Necesito usar cemento para los cimientos y reforzarlo con las barras más fuertes. Así ese desagradable lobo no podrá cavar debajo y asomar la cabeza en mi sala de estar. Haré mis propios ladrillos para las paredes con el mortero más resistente que encuentre. ¿Y para el techo? Usaré una combinación de tejas de barro seco y esas enredaderas resistentes que crecen por todas partes y no pueden ser destruidas.

Eso deja solamente el agujero de la chimenea en el techo. Mientras mantenga el fuego encendido, ningún lobo intentará bajar por su chimenea para comerlo a él o a su familia.

Ese mismo día, el Cerdito 3 trabaja desde el amanecer hasta el anochecer hasta que la parte central de su hogar está terminada y cubierta de ladrillos. Cuando comienza a llover y un erizo malhumorado afuera se empapa, lo invita a entrar para dormir junto a su chimenea. Después de todo, es buen vecino.

Al día siguiente, verifica el mortero para asegurarse de que resistió la tormenta, y repara cualquier parte dañada. Continúa trabajando todos los días después de eso para mantener su hogar sólido y seguro.

Mientras tanto, el Gran Lobo Feroz tiene más hambre. Las cenas de los Cerditos 1 y 2 hace tiempo que se agotaron, y está buscando al Cerdito 3. Pero ese cerdito terco no lo deja entrar por la puerta. No se deja engañar por ningún disfraz.

Finalmente, el Gran Lobo Feroz pierde la paciencia. Con el estómago gruñendo, se lanza desde un árbol hacia el techo y salta por la chimenea... directamente a la olla de estofado hirviendo del cerdito.

Los resultados para ese lobo fueron demasiado calientes para manejarlos.

El Cerdito 3 era un maestro constructor que prestó atención a su fundamento. Obtuvo cemento de calidad, del tipo que no se agrieta fácilmente en ningún tipo de clima. Lo reforzó con las barras más fuertes para doblar la protección. Su exterior de ladrillo y mortero era lo mejor que podía hacer, aunque construirlo tomó tiempo, a diferencia de las opciones más fáciles de sus hermanos. Sin productos de calidad, planificación y trabajo arduo, sabía que ese hogar, sin importar lo bien que luciera por fuera, no duraría ni mantendría a salvo a su familia de los depredadores.

Lo que pasó el Cerdito 3 es un proceso similar al que atraviesan los padres al establecer un fundamento para criar a un niño que se convierta en un adulto exitoso. En tu hogar puede haber uno o dos maestros constructores, dependiendo de si tienes pareja o eres mamá o papá soltero. También puedes contar con algunos ayudantes de construcción, como abuela, abuelo, una hermana o hermano, u otros familiares o amigos cercanos. Las familias de hoy vienen en todas las formas y tamaños.

¿Qué has puesto en tu fundamento y tus paredes? ¿Fueron reunidos esos materiales apresuradamente, o fueron cuidadosamente planeados y construidos? ¿Están hechos de paja o palos, fáciles de destruir? ¿O están hechos de cemento con barras de refuerzo y los ladrillos y mortero más resistentes que puedes crear?

LAS TRES C

Al criar a los niños para que se conviertan en adultos exitosos necesitarás lo que llamo "las tres C": comunicación, compasión y compromiso.

COMUNICACIÓN

La comunicación establece el fundamento más fuerte posible. Si tú y tu cónyuge no deciden juntos cuáles son las cualidades más importantes que desean para sus hijos y no se mantienen unidos en la búsqueda de ellas, cuidado. Esos niños encontrarán las grietas en tu mortero y aprovecharán eso para unirse contra ustedes.

Si solo dictas órdenes a tus hijos, hablando *a ellos* en lugar de hablar *con ellos*, tu fundamento será realmente inestable. Eso podría funcionar cuando son pequeños y más fáciles de controlar, pero cuando lleguen a la adolescencia, con sus cambios de humor, y se den cuenta de que sus padres están lejos de ser perfectos, cuidado.

La comunicación no es un lado hablando y el otro escuchando. Es ambas partes hablando, preferiblemente una a la vez, y ambas partes realmente escuchando. Escuchar es un arte. No estás realmente escuchando a la otra persona si pasas el tiempo que ella habla, pensando en lo que vas a decir después.

Si quieres demostrarle a tu hijo que lo respetas, que lo reconoces como individuo, valoras sus opiniones y deseas escuchar su perspectiva, debes ser un oyente atento y un participante activo en su vida.

Rae, una mamá que trabaja a tiempo completo desde casa, es un buen ejemplo. Después de que llegó su hija Breana, Rae aceptó un recorte de salario para poder trabajar desde casa. Breana creció escuchando el sonido del teclado de su mamá como canción de cuna, ya que tomaba sus siestas en la oficina de su mamá, acurrucada en un rincón acogedor diseñado especialmente para ella.

SI QUIERES DEMOSTRARLE A TU HIJO QUE LO RESPETAS, QUE LO RECONOCES COMO INDIVIDUO, VALORAS SUS OPINIONES Y DESEAS ESCUCHAR SU PERSPECTIVA, DEBES SER UN OYENTE ATENTO Y UN PARTICIPANTE ACTIVO EN SU VIDA.

Cuando Breana despertaba, la primera persona que veía era su mamá. Rae dejaba de trabajar, levantaba a su hija y la abrazaba. Se miraban a los ojos mientras hablaban, incluso cuando Breana solo podía balbucear, y luego realizaban un proyecto divertido juntas.

Como la familia de Rae tenía un presupuesto limitado, mamá e hija hacían que sus proyectos y salidas fueran sencillos. Daban paseos juntas y pateaban hojas secas. Aprendían sobre insectos y gusanos en la biblioteca pública y visitaban una granja de mariposas gratuita. Escuchaban música, hacían instrumentos musicales con madera, y bailaban en la cocina. Pintaban huevos por diversión cuando no era Pascua, almorzaban huevos rellenos tradicionales y creaban mosaicos con las cáscaras de los huevos.

Cuando Breana comenzó el kínder, Rae reservó la hora en que su hija llegaba de la escuela como un momento sin trabajo. Las dos tomaban té, compartían un aperitivo y hablaban sobre su día. A veces, Breana llevaba amigas a jugar. Rae preparaba aperitivos creativos, como salchichas con forma de pulpo o barquitos de atún con velas de mondadientes. No le molestaban los derrames en el piso cuando su hija y una amiga decidían jugar a ser "gatitas" y lamer la leche de tazones. Tampoco le importaba que sus sillas de jardín desaparecieran bajo una montaña de hojas para convertirse en un "túnel a otro mundo" en el patio trasero.

Esas charlas entre madre e hija continuaron incluso durante la secundaria y se transformaron en videollamadas por FaceTime durante la universidad. Aunque Breana ahora vive en otro estado y está inmersa en su nueva carrera, cuando regresa a casa, ¿sabes dónde quiere tomar una siesta? En la oficina de su mamá... porque es un recordatorio de calidez, hogar, y una mamá que siempre se tomó el tiempo para ella.

COMPASIÓN

La compasión, una consideración activa por los sentimientos y perspectivas de los demás, es el mortero que mantiene unidos los ladrillos de tu hogar. Tú y tu hijo pueden pasar por el mismo evento juntos, pero tener respuestas diferentes. Si muere la abuela, tú puedes sentir tristeza, arrepentimiento, responsabilidad u otra combinación de emociones.

Sin embargo, tu pequeña bailarina de tres años todavía no comprende la muerte. Incluso si le dices que la abuela murió y no regresará, no lo entenderá del todo. Solo se entristecerá porque tú estás triste.

Mantente calmado y simplemente di: "Cariño, estoy llorando porque estoy triste. A veces, cuando estás triste, lloras". Respondes a las preguntas que te haga, ni más ni menos. Si no está satisfecha, pedirá más aclaraciones. Eso es compasión: aceptarla donde está en su comprensión y no forzarla a entender más de lo que está lista para asimilar.

Tu pragmático hijo de ocho años sabe qué es la muerte. Ya tuvo un gatito que murió y entiende que, cuando algo muere, no regresa. Ha aceptado ese hecho inevitable y no parece emocionarse demasiado. A primera vista, su aceptación práctica puede hacerlo parecer frío, como si no le importara su abuela, pero nada está más lejos de la verdad. A veces se encierra en su armario y llora.

La compasión es abrazarlo y decir: "Vaya, extraño a la abuela a veces. Y especialmente extraño sus galletas de mantequilla de maní.

Aún puedo saborearlas". Sonríes. "Pero ¿sabes qué? Tengo su receta. ¿Deberíamos hacer algunas juntos?".

Luego está tu hija de quince años, la cuidadora. Es quien pasó más tiempo con la abuela y la ayudó cuando necesitaba apoyo. Observó el deterioro de su salud a medida que envejecía, pero no dijo nada porque no quería preocuparte. Extraña a su abuela, pero sobre todo está preocupada por ti. Está en modo de superación, tratando de cuidarte. Lava los platos, pone la ropa a lavar y cancela su reunión con amigas para regresar a casa y preparar la cena.

¿Qué necesita más de ti? Saber que estarás bien y que no ella tiene que ser tu mamá y cuidarte. Y saber que está bien compartir su propia tristeza contigo.

"Te agradezco muchísimo todo lo que has hecho por mí en los últimos días", le dices. "La muerte de la abuela me golpeó fuerte. Debe ser difícil para ti verme llorar. Pero ¿sabes qué? Llorar está bien cuando estás triste. Es como dejar salir un poco de aire de un globo para que no explote. Todos estaremos tristes a veces al extrañar a la abuela. Eso es normal. Pero ¿sabes lo que siempre decía? 'Las épocas difíciles suceden, pero la gente fuerte sigue adelante'. Bueno, pienso en eso y en ella todos los días. Estaré bien, cariño, y tú también lo estarás. Todos lo estaremos. Si alguna vez estás triste, ven a buscarme. Si estoy triste, haré lo mismo contigo. ¿Trato hecho?".

Has abierto la puerta para que tu hija sepa que está bien y es normal afligirse, y que estás dispuesto a escuchar sus pensamientos y emociones en cualquier momento.

COMPROMISO

El compromiso es lo que haces todos los días para asegurarte de que tu cimiento y tus paredes permanezcan seguros. Así, independientemente de si la lluvia, el granizo, la nieve o el sol golpean tu casa, ésta seguirá siendo fuerte y estará protegida contra enemigos como el Lobo Feroz.

¿Cómo deletrean los niños la palabra compromiso? Es sencillo: T-I-E-M-P-O. No existe el tiempo de calidad sin una buena cantidad de tiempo. Para construir un cimiento sólido, debes estar involucrado en las vidas de tus hijos. Tus acciones deben concordar con las que dices que son tus prioridades.

La consistencia al priorizar a tus hijos y a tu cónyuge por encima de todo, como un ascenso en el trabajo, una cena con amigos o eventos comunitarios, por nombrar algunos, abre las puertas a la comunicación con los miembros de tu familia y rocía abundantemente esas relaciones con compasión. Tus hijos no pueden saber cuán comprometido estás con ellos si no estás presente.

¿CÓMO DELETREAN LOS NIÑOS LA PALABRA COMPROMISO? ES SENCILLO: T-I-E-M-P-O.

Brad y Michelle tenían un hijo de tres años y otro de cinco. Ambos trabajaban fuera de casa, mientras que la hermana de Michelle, una ama de casa con dos hijos propios, cuidaba a los niños durante el día.

Las cosas cambiaron cuando Mikey, el hijo de cinco años, dijo: "Pero, papi, ¿por qué *tú* nunca juegas a la pelota conmigo? Solo el tío Adam lo hace".

Eso impactó profundamente a Brad. Se dio cuenta de que, aunque estaba en pleno crecimiento de su carrera profesional en la Bolsa de Valores, se estaba perdiendo demasiado del crecimiento de sus hijos. Michelle estuvo de acuerdo.

Ambos decidieron optar por horarios flexibles, donde cada uno trabajaba desde casa un día por semana. El martes se convirtió en el "día de papi" para hacer cosas especiales con los niños, mientras que el jueves era el "día de mami". La tía los cuidaba los otros tres días, y Brad y Michelle se turnaban para recogerlos, de modo que el otro pudiera trabajar una hora extra en la oficina. Las horas restantes de sus semanas laborales de cuarenta a cuarenta y cinco horas las completaban después de que los niños se acostaban o mientras hacían alguna actividad con el otro cónyuge.

"Nunca he estado más ocupado", me dijo Brad, "pero todos estamos más felices. Y estoy haciendo lo que realmente importa. No quiero perderme mi tiempo con los niños y arrepentirme más adelante".

La persona que más necesitan tus hijos eres tú. No la niñera, el trabajador del kínder, el director del programa extracurricular, el entrenador deportivo, o incluso la abuela o la tía. Tu organización no se verá como la de Brad y Michelle ni como la de nadie más. Todas las situaciones son únicas, y puedes ser creativo mezclando y combinando opciones. Tan solo no olvides que tus hijos necesitan *ver* tu compromiso para sentir que son una prioridad.

Sin tu presencia, no puedes aprovechar los momentos de enseñanza mientras ocurren.

CREANDO Y APROVECHANDO MOMENTOS DE ENSEÑANZA

Si quieres asegurarte de que tus hijos te escuchen, no les des sermones. Cuéntales historias. Usa noticias actuales para resaltar las cualidades que quieres que desarrollen. De todos modos, tus hijos están constantemente en línea. Bien podrías aprovechar todo ese tiempo navegando en internet para algo útil.

EJEMPLO DE MOMENTO DE ENSEÑANZA 1

¿Es importante para ti la honestidad? Así es como Ed combinó las noticias del día con una historia de su juventud para hacer que la conversación durante la cena fuera interesante para sus tres hijos.

"¿Vieron la noticia de esta mañana sobre los muchachos de la secundaria que hicieron trampa y los expulsaron?", preguntó Ed. "Cuando yo estaba en la secundaria, tenía un maestro de física muy estricto. Todos lo odiaban. Alguien distribuyó un examen de su clase anterior entre varios de mis compañeros. Lo único que había que hacer era pagar cinco dólares y también podrías obtenerlo, pero yo no pagué porque todo me parecía sospechoso. Y mi papá me había dicho que, si algo huele a pescado, probablemente sea un pescado que no quieres atrapar y comer.

"Los muchachos que consiguieron el examen sacaron un sobresaliente. Yo lo reprobé. Me parecía muy injusto, y estuve molesto durante una semana. Sin embargo, un mes después, uno de ellos presumió de ello sin saber que un maestro estaba en uno de los cubículos del baño. Todos esos muchachos fueron atrapados y fueron castigados durante los últimos tres meses de la escuela. El líder del grupo fue expulsado justo antes de la graduación. Vaya, qué feliz estaba de no haber pagado y de haber escuchado esa voz de mi papá en mi cabeza".

Puedes dar una charla a tu hijo sobre la honestidad todo lo que quieras, pero nada transmite ese concepto mejor que una historia real, especialmente si es acerca de ti. Cuéntales historias sobre las cosas geniales que hiciste, las cosas arriesgadas que hiciste, y las cosas estúpidas que hiciste. Créeme, te van a escuchar. Incluso podrías descubrir que repiten lo que les dijiste a sus hermanos más pequeños.

SI OYES TUS PROPIAS HISTORIAS DE VIDA
SALIR DE LAS BOCAS DE TUS HIJOS, SABRÁS QUE
HAS HECHO BIEN TU TAREA.

Ed se reía cuando me dijo que oyó a su hijo mayor decirle a su hijo pequeño: "¿De verdad te vas a creer eso? Tú eres más inteligente. Mira, como dicen el abuelo y papá: Si algo huele a pescado, probablemente sea un pescado que no quieres atrapar y comer. No seas un idiota".

El hermano mayor se ocupó rápidamente de esa lección de vida antes de que papá tuviera que darle ningún otro consejo.

Si oyes tus propias historias de vida salir de las bocas de tus hijos, sabrás que has hecho bien tu tarea.

EJEMPLO DE MOMENTO DE ENSEÑANZA 2

Mientras están sentados en un restaurante, tu familia observa cómo una camarera maneja amablemente a un hombre beligerante. Finalmente él se va, y la camarera se acerca para tomar el pedido de tu familia.

Mientras ella se disculpa por haber llegado tarde, tú sonríes ampliamente. "No es problema. Diría que tenías mucho en tus manos hace unos minutos. No pude evitar observar cuán agradable fuiste con ese hombre, que parecía bastante enojado. Tus acciones dicen mucho sobre la calidad de persona que eres, y también sobre este restaurante por contratarte".

Cuando ves a otros siendo amables y les haces cumplidos donde corresponde, tus hijos aprenden sobre profesionalismo, amabilidad, y ver una situación desde una perspectiva más amplia... en lugar de verla solo desde la perspectiva de sus estómagos rumiando de hambre.

Además, has transmitido una bendición. Esa camarera podría haber tenido muy mal día y haber regresado a su casa desanimada. En lugar de eso, ella se alejó sonriendo de tu mesa.

Eso es un buen trabajo en todos los sentidos.

NO OLVIDES LO BÁSICO

Cuando estés preparando a tus hijos para la vida, no olvides lo básico. La cortesía nunca pasa de moda. Me asombra cuántas personas hoy en día nunca aprendieron a decir estas palabras y muchas otras mientras crecían:

- "Por favor".
- "Gracias".
- "Te lo agradezco".
- "Lo siento".
- "¿Puedo ayudarte?".
- "Perdón".
- "¿Estaría bien para ti?".

De hecho, los dueños de negocios me dicen que no pueden suponer que sus nuevos empleados sepan las normas de cortesía básicas para tratar a sus clientes, tienen que entrenarlos. Muchos de esos empleados también carecen de ética laboral. No están preparados para las realidades de la vida cotidiana, como entender que tienes que ganar más de lo que gastas en renta, gasolina y comida, y que también debes dejar algo para pagar tus impuestos.

Cuando fundé la Academia de Excelencia Leman, quería asegurarme de que los niños no solo fueran educados bien en las materias tradicionales de la escuela, sino que también aprendieran sobre los asuntos del corazón, como la honestidad, la generosidad, la ayuda y la amabilidad, así como las normas de cortesía comunes. Por ejemplo, tenemos una clase de etiqueta donde los niños aprenden modales sencillos que pueden acompañarlos toda la vida en cualquier situación social.

Cuando los niños entran en esa clase, sé lo que están pensando:

- *Esto es una tontería. ¿Por qué tengo que saber cocinar? Yo me voy de aquí.*
- *¿Por qué tenemos que aprender qué tenedor se usa para qué en una mesa? ¿A quién le importa si es para el postre, la ensalada o el plato*

principal? ¿Por qué no podemos usar un solo tenedor o, aún mejor, nuestras manos?

- *En serio, no tengo dos años. ¿Por qué tengo que aprender a decir por favor y gracias?*
- *Esto es embarazoso, haciendo juegos de rol sobre lo que hacer en una cita.*
- *¿Realmente tengo que saber qué es un ramillete?*

Puedo ver las cejas levantadas por toda la clase.

Pero, a medida que la clase avanza, aprenden un montón de cosas fascinantes:

- Los niños y las niñas son muy diferentes entre sí. Las niñas tienen una amplia gama de emociones que pueden asustar a los niños, dejándolos mudos o huyendo. Los niños tienden a pensar: *¿Puedo comerlo, unirme a esto o competir con él? Entonces me interesa. Si no, estoy bien solo aquí.*
- A las niñas les gusta ir al baño en grupos de dos, cuatro, ocho o doce; es un evento. A los niños les gusta ir solos.
- Las niñas tienden a ser buenas con las palabras, cómodas con un flujo de discurso. Los niños, que por naturaleza tienen un recuento de palabras mucho más bajo, a veces apenas logran decir "ah" como respuesta, especialmente si de verdad les gusta la niña.
- Las niñas tienden a madurar más rápido que los niños... por si alguna vez te preguntaste por qué las niñas de tu clase suelen fijarse en muchachos de más edad.

Como los chicos son tan torpes cuando se trata de relaciones (en serio, ¿lo somos? Si eres lectora, estarás asintiendo), hacemos juegos de rol sobre todo tipo de situaciones en clase, como estas:

Escena 1: A un niño realmente le gusta cierta niña. Le pide a un amigo que le pregunte a una de sus amigas si quizá él le gustaría a ella, porque no tiene el valor de hacerlo él mismo.

Respuesta de la niña: "Si él quiere saber si me gusta, ¿por qué no tiene el valor de preguntármelo él mismo? En lugar de eso, manda a una pandilla. Yo nunca saldría con alguien que sea tan cobarde".

Escena 2: Tres chicos acaban de descubrir que las niñas son alienígenas interesantes. Como no saben cómo acercarse a ellas, hacen lo que harían naturalmente para llamar la atención de otros chicos: se pelean y luchan. Piensan que están siendo geniales y que impresionarán a las chicas.

Las chicas, al ver el espectáculo, se encogen de hombros y levantan las cejas. *Qué idiotas*, piensan mientras se alejan. *¿Quién se interesaría en ellos?*

Escena 3: Un niño quiere decirle a una niña que le gusta. Se acerca a ella, la mira a los ojos y le dice: "Me gustas. Creo que eres adorable".

No, eso no es lo que debe hacer, o esa niña lo descartará como un loco.

En cambio, debería conversar con ella, caminar a su lado mientras sale de clase y comentar amablemente algo sobre ella, como: "Oye, seguro que te gusta mucho el color verde. He notado que lo usas bastante. Te queda bien".

De una manera natural, entonces, podría comenzar a formar una amistad con ella. Durante este proceso descubrirá rápidamente si ella está interesada. Así no se avergonzará al lanzarse con el "Me gustas" cuando no haya interés.

Escena 4: Una niña está cargando una bolsa pesada.

Un niño se acerca a ella. "Vaya, esa bolsa parece pesada. ¿Puedo ayudarte con eso? ¿O al menos abrirte la puerta?".

Estas escenas generalmente van acompañadas de risas nerviosas en clase y algunas miradas que expresan: *No puedo creer que estemos haciendo esto.* Sin embargo, al final de la clase esos chicos entienden por qué lo que aprendieron es importante. El "examen" final es un baile. Esos chicos ahora realmente saben cómo tratar a una joven correctamente y comportarse como hombres maduros con los que querrías que tu hija saliera.

Cada chico amablemente le pide a una niña que lo acompañe a un evento de gala, a menudo con una invitación escrita a mano. Lleva un traje completo, con corbata. Saluda a sus padres cuando la recoge, contándoles un poco sobre su trasfondo y por qué eligió "salir" con su hija. Les da las gracias por la oportunidad de acompañar a su hija, y dice amablemente: "Me aseguraré de traerla de regreso a las once".

Coloca un ramillete en la niña sin lastimarla ni tocar donde no debería. Luego la acompaña hasta la puerta y reduce su paso para ir al mismo ritmo que ella mientras caminan agarrados del brazo hasta el auto. Una vez en el auto, él abre y cierra la puerta por ella.

En el baile, abre todas las puertas para ella, la acompaña a su mesa, le saca la silla hasta que ella se acomoda. Cuando ella y sus amigas se levantan para ir al baño, todos los chicos en la mesa se levantan, retiran un poco las sillas de sus citas y luego las vuelven a sentar cuando regresan.

Él toma suavemente su mano para ayudarla a salir del auto cuando llegan a su casa, la acompaña hasta la puerta, le agradece por acompañarlo y luego se inclina para despedirse. Espera hasta que ella haya entrado a su casa antes de regresar al auto.

Ahora bien, ¿no desearías que esos chicos de la Academia de Excelencia Leman fueran los que lleven a *tu* hija adolescente a una cita?

Si deseas criar hijos exitosos, no olvides las normas de cortesía básicas. Ser capaz de llevarlas a cabo de una manera natural ayudará a tu hijo en todos los aspectos a lo largo de su vida: en entrevistas de trabajo, interacciones en la universidad y la carrera, al contratar a un fontanero, e incluso en su trato amable con la persona que algún día podría convertirse en tu nuera.

Cuando enseñas a tus hijos a ser amables, respetuosos con los demás y a practicar todas las demás virtudes, no solo los lanzas hacia el éxito en la vida, sino que también les haces un gran servicio al mundo y a sus futuras familias.

¿Por qué no intentas algo de "entrenamiento práctico para la vida"? Propón una situación durante la cena. Pregunta: "Está bien, si esto sucediera, ¿cómo lo manejarías?".

A tus hijos les encantará aportar sus ideas, incluso si al principio lo hacen solo para ganarse unos puntos entre ellos.

"¿Eres un tonto? No le hablas a una muchacha de esa manera. Hay una razón por la que eres mi hermano menor".

"Soy una chica. ¿No crees que deberías preguntarme *a mí* cómo me gustaría que me trataran?".

Y la charla no tardará en llegar.

Poco después, tu aburrida comida en la casa estará llena de animada conversación, y tus hijos querrán más de eso.

Créeme.

ESTRATEGIA 6

NO TE DES POR VENCIDO

Seis principios "imperativos" por los que unos padres cuerdos deben vivir.

"Nada en la vida llega fácil", solía decir mi mamá. "No debes darte por vencido".

Cuando era joven, solía levantar las cejas ante esas afirmaciones. Lo único que significaba era: "Ponte a trabajar, Cubby" (ese era mi apodo cuando era niño). Era una manera astuta de empujarme a hacer algo que no quería hacer, como mi tarea de matemáticas, en lugar de ir a pescar al arroyo local en el norte del estado de Nueva York.

Sin embargo, ahora que soy mayor y mucho más sabio, entiendo que esta afirmación se aplica a casi todo en la vida. William Arthur Ward escribió una vez que la receta para el éxito es "estudiar mientras otros duermen; trabajar mientras otros descansan; prepararse mientras otros juegan; y soñar mientras otros desean".[1] Cuando tu objetivo es criar hijos que serán adultos saludables, equilibrados, trabajadores, generosos y compasivos con los demás, y que contribuyan de manera positiva a este mundo, es un trabajo de veinticuatro horas al día, siete días por semana. Eso significa interactuar en los mejores momentos y, sinceramente, en los peores momentos.

Cualquier tipo de cambio requiere mantenerse firme y no darse por vencido cuando es fácil hacerlo y cuando es difícil hacerlo. Cuando proporcionas principios fundamentales que son sólidos e inmutables a pesar de la situación, tus hijos tienen una base segura desde la cual actuar. A medida que crecen, amplían su área de experimentación sabiendo que, ya sea que tengan éxito o fracasen, regresan a un lugar donde las personas los aman y apoyan. Al permitirles tomar decisiones apropiadas para su edad, les ayudas a suavizar de modo natural sus características negativas y a corregir cualquier aspereza en sus relaciones, mientras que resaltas y fomentas cualidades positivas que allanan su camino hacia el éxito.

Mientras crías a tus hijos con ese éxito en mente, recuerda los siguientes seis principios "imprescindibles" por los que vivir. Te mantendrán enfocado en la meta final y con el sentido del humor intacto. Así podrás evitar costosas visitas al psicólogo o al *spa* para manejar el estrés.

PRINCIPIO 1: HAZ QUE TU HIJO SEA RESPONSABLE Y RINDA CUENTAS DE SUS DECISIONES.

A las familias les encantan las opciones.

"McKenzie, son las ocho. ¿Has decidido ya irte a la cama? ¿No? ¿Quieres quedarte viendo televisión? Bueno, mamá y yo nos vamos a dormir. Solo cierra la puerta de la casa y apaga el televisor cuando termines".

McKenzie, por cierto, tiene solo cinco años. Y sí, esto sucedió realmente. Esa niña, que apenas pasa el metro de altura, manejaba la situación en su casa. Tenía a mamá y a papá dominados en todos los aspectos posibles. Y lo lograba. Cuando se despertaba de mal humor por la falta de sueño, los padres la compraban con golosinas y luego justificaban con excusas su conducta en el kínder.

Esos padres necesitaban una intervención, y rápido. Unos años más, y esa princesita sería una fuerza con la que tendrían lidiar.

A veces la gente piensa que el orden y la disciplina son palabras restrictivas y negativas; sin embargo, ambas son buenas cuando se utilizan en el contexto adecuado y con los objetivos correctos en mente.

Si los niños de primer grado van caminando como patitos en fila desde el gimnasio de regreso al salón de clase, con Mamá Pato (también conocida como la maestra) manteniéndolos en línea, entonces no se están empujando unos a otros hacia los casilleros ni echándose agua en la fuente para beber. La mayoría consideraría eso algo positivo.

Hay una razón para el orden en las familias y por la cual los padres deben actuar como padres, dándoles a los niños solamente las opciones que son apropiadas. Los niños no pueden aprender a ser responsables sin que les den responsabilidades. Y cuando hacen una elección, deben ser responsables de ella.

Supongamos que es la hora del desayuno y le das a elegir entre dos cereales. Le preguntas a Nicolás: "¿Te gustaría comer Crispy Critters o Cheerios?".

Por supuesto, él dice "Crispy Critters", si no por otra razón, al menos porque el nombre suena divertido.

Viertes la leche sobre esos Crispy Critters en su tazón, pero en cuanto lo haces, ¿qué sucede? Cambia de opinión. "Quiero Cheerios".

En ese momento, un padre autoritativo hace lo inteligente. Dejas que el niño viva con las consecuencias de su elección. "Puedes elegir Cheerios para el desayuno mañana, pero hoy ya hiciste tu elección. Así que Crispy Critters es lo que hay". Luego te alejas y te pones a hacer otra cosa.

O el niño come los Crispy Critters que eligió, o se queda sin desayuno. Ninguna de las dos opciones lo matará, y vivir con las consecuencias de una elección apresurada es una buena lección.

Si puedes recordar solamente una cosa acerca de este libro, recuerda lo siguiente: no puedes volver a hacer crujir un cereal empapado. Hay que vivir con las consecuencias. Una vez que se toma una decisión, no se puede deshacer.

Cuanto antes aprendan eso tus hijos, mejor.

Considera esta escena familiar. Te estás preparando para llevar a tu hijo a la escuela en el vagón de cuatro puertas más feo con paredes negras que puedas imaginar. No mencionaré la marca del auto, pero seguro que te haces una idea.

NO PUEDES VOLVER A HACER CRUJIR UN CEREAL EMPAPADO. HAY QUE VIVIR CON LAS CONSECUENCIAS.

Tu hijo señala hacia el auto. "¿En serio? ¿Por qué no conseguimos un Camaro o un Mustang o algo más actual? ¿Tengo que ir a la escuela en esto?".

Tú te encoges de hombros. "Este es el auto que tenemos, pero es tu decisión subirte o dar a esos zapatos deportivos nuevos un recorrido de cuatro kilómetros".

Él se sube, pero a una buena distancia de la escuela, dice: "Puedes dejarme aquí".

"Todavía estamos casi a un kilómetro", comentas.

"Quiero bajarme aquí", insiste.

Lo dejas allí, sabiendo que tiene una caminata más larga de lo que piensa. Pero, de nuevo, es su decisión y rápidamente estrenará esos zapatos nuevos. Si se cansa esa noche por el ejercicio extra, que así sea. O tomará una decisión diferente al día siguiente, o tonificará la grasa sobrante y ganará algo de músculo con sus caminatas.

PRINCIPIO 2: NO REGALES TU AUTORIDAD.

Papá, mamá, no fuiste puesto en este mundo para que tus hijos te pisoteen.

Pero tampoco fuiste puesto aquí para gobernar sobre ellos como si fueras el rey y ellos los peones de un tablero de ajedrez.

Si observas la generación "dame", ¿qué están diciendo con su conducta? "Yo tengo autoridad sobre ti", no al revés.

Pero, seamos sinceros. Tus hijos ni siquiera tendrían ropa interior sin ti. Irían sin ella. Y, ciertamente no tendrían ese celular ni ninguno de sus últimos dispositivos. Entonces, ¿quién engaña a quién?

Sin embargo, cada vez que permites que un niño te manipule, estás permitiéndole que socave tu autoridad. Y, si tienes que anunciar: "Yo estoy a cargo aquí, haz lo que digo", significa que no estás a cargo.

SI TIENES QUE ANUNCIAR:
"YO ESTOY A CARGO AQUÍ, HAZ LO QUE DIGO",
SIGNIFICA QUE NO ESTÁS A CARGO.

SOLUCIONES DE 10 SEGUNDOS DEL DR. LEMAN

Pregunta: Mi hijo de tres años nunca quiere comer nada a la hora de comer. Si le ponemos comida en su bandeja, nos mira fijamente mientras la empuja hasta tirar el plato al piso. La alfombra está muy sucia de manchas de comida. Finalmente, nos rendimos y le dejamos jugar para al menos poder comer en paz. ¿Cómo podemos poner fin a esta conducta?

Respuesta: Primero, invierte en una de esas alfombrillas de plástico grueso o una lona plástica para pintores. Ya sabes, de las que se limpian fácilmente. Asegúrate de cubrir toda el área dentro del alcance del lanzador, incluidas las paredes. Eso cuida tu alfombra (a menos que ya esté completamente manchada) y cualquier otro objeto cercano. Ahora puedes dejar que el diminuto mariscal de campo tenga rienda suelta y practique sus habilidades de lanzamiento. Solo asegúrate de advertir a los abuelos, quienes podrían estar dentro de su alcance al otro lado de la mesa.

Segundo, coloca la comida en su bandeja como siempre. Si la empuja o la lanza, déjala donde caiga. Pero no le des más artillería para disparar.

Tercero, no reacciones a su conducta. No digas nada. Informa al resto de la familia para que lo ignoren por completo, incluso si es muy difícil hacerlo. Él no sale de esa silla por ninguna razón durante la cena, sin importar cuánto vocalice.

Solo se comporta así porque le funciona. Consigue tu atención y se convierte en el centro de esa atención. Si tiene hermanos, puedes llamarlo rivalidad entre hermanos, si lo prefieres. Si ese comportamiento ya no le funciona para conseguir lo que quiere, ya sea tener otro tipo de comida, salir de la silla para ir a tu cómodo regazo, o jugar con esos juguetes que ve en el piso, él dejará de hacerlo.

Si este ha sido un patrón en las comidas, necesitas seguir tu plan para establecer un nuevo comportamiento. Al final, la consecuencia natural del hambre prevalecerá cuando incluso el lanzador más determinado se dé cuenta y piense: *Vaya, cuando lanzo mi comida, no regresa.*
Especialmente si sus hermanos están comiendo felices al otro lado de la mesa.

Quiero que imagines que tu autoridad paternal es una galleta. Cada vez que reaccionas (actúas sin pensar), estás entregando un pedazo de esa galleta. Cada vez que permites que otra persona tenga autoridad sobre tu hijo, ya sea un entrenador, maestro, monitor de campamento de verano, abuelos o un amigo, entregas un pedazo de tu galleta de autoridad. Estás permitiendo que otros den forma a cómo se desarrolla tu hijo.

Por eso, debes elegir cuidadosamente a las personas que permites estar cerca de tu hijo. ¿Están esas personas modelando y enseñando las cualidades que tú quieres que aprendan, las que figuran en tu lista de cualidades soñadas? ¿O son simplemente ocupantes de espacios en los momentos en que no estás disponible, o escalones percibidos hacia el éxito que deseas que tu hijo logre?

Si entregas demasiado de esa galleta parental, terminarás con solo unos pequeños pedazos de galleta. Y como todos sabemos, los pedazos pequeños no atraen tanto como una galleta completa.

Nunca deberías permitir que tus propias reacciones ni la autoridad de los demás sobre tu hijo socaven tu autoridad parental. Los niños son lo suficientemente inteligentes como para saber quién está a cargo. Entonces, ¿quién será? ¿Tú o ellos?

PRINCIPIO 3: DEJA QUE LA DISCIPLINA DE LA REALIDAD HABLE POR TI.

Directrices como estas de los niños han provocado venganzas en los padres durante generaciones:

- "Aléjate".
- "Relájate".
- "Estás invadiendo mi espacio".
- "Eres tan estúpido".

- "Te odio".
- "No tienes ni idea".

Y este es uno de mis favoritos de mis años de crecimiento: "No te enojes, hombre".

Sé que es difícil cuando el comportamiento de tu adolescente grita: *¡Aléjate de mí. Sal de mi vida, de mi espacio. Necesito espacio!*

Si eres papá o mamá de un adolescente, has escuchado todo eso. ¿Qué haces cuando esa declaración cargada sale de la boca de tu hijo? ¿Te enfrentas a él y dices: "¿Sabes con quién estás hablando? ¡Soy tu padre [madre]!".

Bueno, podrías hacerlo, pero ya sabes lo que pasa cuando lo haces. Escalas la situación para ti y para tu hijo. Ambos terminan enojados, y no se hablan durante días. La temperatura en tu casa es como una playa calurosa al mediodía en verano o el Ártico en pleno invierno.

Hazte un favor a ti mismo y prueba algo nuevo. No reacciones a esas declaraciones en absoluto. Simplemente espera a un momento de enseñanza propicio.

Tu hijo adolescente se acerca y te dice: "Papá, ¿puedo tomar el auto? Voy a encontrarme con los muchachos".

Escuchas su explicación, y entonces te encoges de hombros. "Me gustaría ayudarte, pero ahora mismo estoy fuera de tu vida".

"¿Qué?", pregunta tu hijo con cara de confusión.

"Bueno, esta mañana dijiste que estabas harto de que yo estuviera en tu vida", respondes calmadamente. "Simplemente estoy haciendo lo que pediste. Estoy fuera de tu vida. Y eso incluye el uso del auto y todo lo demás que necesites que haga por ti".

Esa táctica hará que cualquier niño lo piense dos veces antes de abrir la boca y soltar algo impulsivo.

La disciplina de la realidad (dejar que las consecuencias hablen por ti, en lugar de que seas tú quien dé el sermón) funciona en cada una de estas situaciones:

- Tu hijo te avergüenza públicamente con su falta de respeto verbal hacia ti.
- Tu hija miente regularmente. Cuando preguntas: "¿Quién se comió el último pedazo de pastel de cereza?", ella responde sin pensar: "Yo no", aunque tiene un tenedor con el último pedazo de pastel y una mancha de cereza en los labios.
- Tus gemelos se muerden entre sí cuando se enojan.
- Tu hijo dice que estuvo en su lección de música, pero no asistió.
- Tu hija extiende la mano para pedir dinero nuevamente. Ya se gastó toda su asignación para la semana y recién es martes.
- Tu hijo discute contigo sin importar lo que digas.
- Tu hija "olvida" hacer sus tareas y se va a la cama.
- Tu hijo nunca admite hacer nada malo. Siempre es culpa de su hermana.

Por lo tanto, cuando esas directrices agresivas salgan de la boca de tus hijos, haz dos cosas importantes: cierra tu boca y aléjate de la situación. Si no puedes alejarte físicamente, aléjate mentalmente.

SOLUCIONES DE 10 SEGUNDOS DEL DR. LEMAN

Pregunta: Mi hijo de once años es muy perezoso. Nunca termina nada, y mucho menos a tiempo. Llega tarde a la escuela la mitad de los días, y después me grita como si fuera culpa mía. ¿Cómo puedo romper el patrón?

Respuesta: Es fácil, y puedes comenzar tan pronto como salga el sol mañana. Cuando no se despierte para ir a la escuela, no seas su alarma. Deja que se despierte por sí solo y haga el alboroto de última hora para llegar a la escuela. Sí, puedes llevarlo si normalmente lo haces o si perdió el bus, pero mantén la calma y no te enganches en su lenguaje de pelea ni respondas a su tendencia a culpar a otros. Simplemente dile alegremente desde la acera: "Que tengas un buen día", hazle un pequeño saludo con la mano, y luego vete tranquilo.

Tampoco escribas una excusa para él. Que lo reprendan el maestro o el director será una experiencia memorable para ese muchacho. Aún mejor si secretamente incentivas esa conversación con una llamada a la escuela: "Espero que puedan ayudarme con algo. Mi hijo tiende a llegar tarde, y estoy tratando de corregir ese hábito. Si pudieran llamarlo para darle una buena charla, lo agradecería mucho". Las personas en esa escuela pensarán que eres un genio y estarán encantados de ayudarte.

Tu hijo puede tener un mal día, pero no hay duda de que aprenderá algo cuando llegue a la casa, incluso si está enojado contigo por un tiempo. Después de todo, eres su camino hacia la comida y todo lo que necesita en esta etapa de su vida.

En cuanto a sus otras actividades perezosas, no lo ayudes haciendo las cosas por él ni recordándole lo que tiene que hacer. Deja que asuma las consecuencias de todo lo que no se haga. Las consecuencias naturales siempre prevalecen sobre los sermones parentales.

Piensa en tu lugar favorito con cielos azules, olas en una playa, esas bebidas con frutas que vienen con una pequeña sombrilla…

Ahora, ¿no te sientes mejor?

Sé que es un consejo simple, y es mucho más difícil de seguir en el fragor del momento, pero necesitas ser el adulto en la situación, la persona que, con suerte, tiene una perspectiva más amplia. Si tu hijo no puede aprender de ti tolerancia, paciencia y cómo expresar su frustración de manera adecuada, ¿de quién exactamente lo aprenderá?

PRINCIPIO 4: MANTENTE FIRME EN TUS DECISIONES, PERO NO TE DISPARES EN EL PIE.

- "Te dije que no hicieras eso. Te lo dije una y otra vez, pero todavía lo haces. ¿Eres tonto? ¿Vas a ser tonto toda tu vida?".
- "Si alguna vez vuelves a hacer eso, te castigaré por un mes".
- "Dije no, y quiero decir no. ¿No me estás escuchando? La próxima vez que me pidas algo, yo tampoco te escucharé".

Los padres podríamos ganar el Premio Nobel por emitir decretos que no podemos cumplir. Cuando hacemos eso sin pensar, a menudo no solo no podemos mantenernos firmes sino que también nos disparamos en el pie.

Cuando las emociones se calientan, las reacciones nos llevan a hacer declaraciones o acusaciones desmesuradas que no son ciertas. Herimos sentimientos, exageramos un problema, desviamos la atención del verdadero problema o hacemos promesas que no podemos o no queremos cumplir.

El hecho de que un niño haga lo mismo una y otra vez no lo convierte en tonto... a menos, claro está, que esté recibiendo una descarga eléctrica por octava vez al meter el dedo en el enchufe.

Todos los niños tienen audición selectiva cuando se trata de sus padres, probablemente porque los padres en general lanzan palabras demasiado libremente en la dirección de sus hijos. Los niños también tienen muchas historias ocurriendo en sus cabezas cuando les dices algo. ¿Escuchas todo lo que tus hijos te dicen? ¿Recuerdas todo lo que te dice cada persona? Ellos tampoco.

¿Quieres que tus hijos escuchen lo que dices? Prueba estos consejos.

DI LAS COSAS UNA VEZ. ENTONCES VOLTÉATE Y ALÉJATE

Si no eres una fuente continua de palabras, es más probable que tus hijos te escuchen. Si haces una petición una vez y no la sigues con recordatorios, estás diciendo: "Nos respetamos mutuamente, por lo que nos escuchamos. Solo necesito decirlo una vez, y sé que me escucharás".

Si ese niño decide no escucharte y no ha terminado sus tareas, se pierde de tomar helado con la familia. Si le dijiste que necesitabas que estuviera en el auto quince minutos antes y no apareció, no llega a su partido de fútbol.

Las consecuencias naturales se encargarán de dar la lección, para que tú no tengas que hacerlo. No necesitas reprender, alzar la voz ni lanzar amenazas.

Si tus hijos no escuchan lo que dices esta vez, sin duda prestarán más atención la próxima vez que hables.

HAZ QUE TU "SÍ" SEA UN SÍ, Y TU "NO" SEA UN NO

No hay nada que haga sentir más inseguro a un niño que un padre indeciso que dice una cosa y luego cambia de opinión. Si dices que estarás en un lugar, debes estar ahí. No dejes que nada te detenga, salvo un tornado en tu camino a casa. Si dices que no harás algo, entonces no lo hagas.

Los niños prosperan con la rutina y la previsibilidad que crean una zona de calidez y seguridad en un mundo caótico.

No todo en la vida es beneficioso ni saludable. Si trazas pautas y límites claros en lugar de imponer reglas de manera autoritaria, animas a tu hijo a explorar dentro de una zona de seguridad. Cuando se establecen límites y un niño sabe qué sucede si cruza esas líneas (las consecuencias naturales seguirán y no será rescatado), la respuesta está predeterminada y siempre se ajusta a la situación.

Nunca es demasiado. Nunca es insuficiente. Como dijo Ricitos de Oro en el clásico cuento infantil, es "justo lo necesario".

LOS NIÑOS PROSPERAN CON LA RUTINA Y LA PREVISIBILIDAD QUE CREAN UNA ZONA DE CALIDEZ Y SEGURIDAD EN UN MUNDO CAÓTICO.

PRINCIPIO 5: USA CON FRECUENCIA ESTA PODEROSA PALABRA DE DOS LETRAS: "NO".

Quiero que intentes algo. Ve y párate frente a un espejo. Practica esta palabra: "No".

Repítela una y otra vez hasta que puedas decirla con facilidad y confianza. Es una de las palabras más importantes que dirás a tus hijos si quieres que tengan éxito.

Algunos padres se agotan tratando de mantener felices a sus hijos hedonistas. Pero ¿qué sucede cuando ese hijo para el que has hecho todo se enfrenta al mundo real? Otros no van a correr como tú, tratando de hacer de la felicidad de tu hijo su máxima prioridad.

Los padres que dicen "sí" a todo crían niños infelices que creen que el mundo les debe un favor. A menos que permitas que la disciplina realista reine libremente y dejes de rescatar a tu hijo de las consecuencias, estarás creando problemas que surgirán en su vida adulta:

- Piensan que nunca están equivocados. Y cuando se demuestra que lo están, es culpa de otra persona.
- Mienten por pura conveniencia.
- Si no hacen un trabajo bien o no lo terminan, encuentran una excusa.
- Discuten por discutir y arruinan relaciones.
- Esperan que otros los rescaten si no les gusta hacer una tarea.
- Siempre son la víctima, nunca el culpable.
- Toman de los demás, pero no saben lo primero acerca de dar.
- Su comportamiento dramático como rey o reina puede inicialmente atraer una red social, aunque sea solo por entretenimiento, pero ese drama se vuelve agotador rápidamente, en especial para sus amigos.

Pintar la vida como un paseo por el parque es una ilusión que no resistirá en el mundo real. Por eso, experimentar consecuencias ahora es lo mejor que puede pasarle a tu hijo. No solo está bien que el pequeño John esté infeliz, también es bueno que lo esté. Como suelo decir: "Un niño infeliz es un niño sano", porque la infelicidad impulsa el cambio.

Piénsalo de esta manera. Como adulto, tienes la libertad de manejar como quieras e ir donde quieras con tu auto; pero si manejas en sentido contrario en un carril, te meterás en problemas y harás infelices a otros y a ti mismo.

Tu hijo también tiene la libertad de hacer lo que quiera cuando quiera; sin embargo, cuando ese comportamiento puede dañarlo a él mismo o a otros, o interrumpir el desarrollo de habilidades esenciales para el éxito, necesita una lección de conducción de tu parte. Probablemente esa lección lo hará infeliz.

- "No. No vas a pasar la noche en otra casa. Tienes clases mañana".
- "No. No terminaste el trabajo que te pedí que hicieras. No irás a ninguna parte hasta que lo termines".
- "No. No necesitas una galleta. Vamos a cenar en media hora".
- "No. No puedo comprarte eso. No está dentro de nuestro presupuesto".

CINCO MANTRAS POR LOS QUE VIVEN LOS PADRES CUERDOS

1. La conducta es personal, pero no tienes que tomarla personalmente.
2. En lugar de reaccionar, simplemente sigue adelante y deja que las cosas caigan donde deben caer.
3. No actúes como si fueras dueño de tus hijos. Solo están contigo en "renta" por unos dieciocho años.
4. Hablar sin pensar les da el control a tus hijos.
5. Ama incondicionalmente. Ama siempre.

- "No. No puedo ayudarte con eso ahora. Tienes que esperar porque estoy ayudando a tu hermana".
- "No. No puedo leerte un libro ahora. Este es mi tiempo tranquilo y también el tuyo".
- "No. No puedo responder esa pregunta ahora. Estoy al teléfono".
- "No. No puedes manejar el auto familiar sin nosotros. Solo tienes un permiso de aprendiz".

Di "No" cuando sea necesario. Hazlo con calma, respeto y proporcionando razones claras, como los ejemplos anteriores.

Cuanto antes tu hijo pruebe el "no", mejor será. Recuerda: un niño infeliz es un niño sano.

PRINCIPIO 6: SÉ PACIENTE. TODAS LAS COSAS BUENAS TOMAN TIEMPO.

En la legendaria película *Sueño de fuga* (*The Shawshank Redemption*), el prisionero condenado a cadena perpetua Andy Dufresne (interpretado por Tim Robbins) pasa veinte años usando un pequeño cincel para abrirse camino hacia la libertad. Para llegar a donde quería estar (fuera de los muros que lo confinaban) necesitó ser persistente y fiel a su misión.

Esa es una buena metáfora también para los padres.

Algunos padres usan mazos para tratar de forzar a sus hijos a ser exitosos según su propia definición de éxito. Este proceso —para ellos y para sus hijos— es como tratar de meter un cuadrado en un agujero redondo.

CÓMO CAMBIÓ MI VIDA: LA HISTORIA DE AIDAN

Como papá de dos hijos adolescentes, solía perder los nervios fácilmente cuando me lanzaban comentarios irrespetuosos, y se los devolvía de la misma manera. No hace falta decir que no nos llevábamos bien.

Sin embargo, he estado haciendo las cosas de manera diferente durante el último mes, tal como sugeriste. La semana pasada, mi hija de catorce años se enojó conmigo por no darle veinte dólares, y gritó: "Eres tan tonto. Nunca vas a entender".

En lugar de responderle como siempre lo hacía, le dije: "Sí, tienes razón. A veces soy tonto. Pero siempre puedes intentar explicármelo. Búscame cuando quieras hablar. Estoy listo para escuchar".

Luego salí de la habitación. Sin embargo, cuando la cocina se quedó en silencio, no pude evitarlo y me asomé por la esquina.

Mi hija parecía confundida. Cuando su hermano entró en la cocina, ella dijo: "Eh, creo que algo anda muy mal con papá. ¿Te parece diferente? Quiero decir, este último mes ha estado actuando como un loco".

Esa revelación fue el inicio de la transformación en nuestra casa. Me tomó tres semanas de ser consistente para que la idea del cambio comenzara a producir efecto, pero después de eso, mis hijos y yo comenzamos a tener conversaciones decentes.

Tenías razón. El cambio tenía que comenzar por mí.

No encaja fácilmente porque esa técnica no funciona y el agujero tiene la forma errónea de éxito para el niño.

Otros padres usan trapos para quitar el polvo de sus hijos y tratar de suavizar sus asperezas, cuando a veces lo que realmente se necesita es una buena lija.

Sin embargo, los padres inteligentes, aquellos preparados para el largo plazo, entienden que todo lo bueno toma tiempo. Criar hijos exitosos en una generación de "me da igual" requerirá mucha persistencia y fidelidad. No siempre te gustará tu hijo, y él no siempre te gustará a ti. Pero mantener el control de tus emociones, ser consistente en tu estilo de crianza, permitir elecciones adecuadas para su edad y dejar que las consecuencias naturales ocurran, te permitirá superar los altibajos del camino como un verdadero profesional.

Todos somos criaturas de hábitos. Toma tiempo abrir un nuevo camino, especialmente si es diferente a cualquier otro que hayas tomado. Eso es todavía más cierto si durante un tiempo has tenido en tus manos las herramientas equivocadas. Tal vez usaste las mismas técnicas que tus padres usaron contigo. Esas cosas que juraste que nunca dirías ni harías, las estás diciendo y haciendo. O tal vez, debido a una infancia difícil, has intentado demasiado ser amigo de tus hijos en lugar de ser su padre.

Por mucho que desees lo contrario, algunos niños seguirán su propio camino por un tiempo, pero si practicas una crianza con una autoridad bien manejada y utilizas la disciplina realista, tus hijos desarrollarán responsabilidad y rendición de cuentas. Las consecuencias son maestros naturales. Si tus hijos aprenden de la manera fácil o difícil, depende de ellos.

¿Responsabilizas a tu hijo por sus acciones? ¿Es responsable de gestionar tareas específicas y de cumplir con un horario para realizarlas? La mejor manera de abrir la puerta a cambios en actitud, conducta y carácter es comenzar con una conversación abierta, sincera y balanceada.

La vida no es un cuento de hadas con un final feliz envuelto en un lazo, por mucho que a veces lo deseemos. Es real, con muchos episodios caóticos intercalados; pero puedes comenzar desde donde estás ahora mismo con estas tres sencillas ideas:

1. Da responsabilidades apropiadas para su edad.
2. Permite que el niño tome sus propias decisiones.
3. Haz que sea responsable de esas decisiones, incluidas las consecuencias.

Criar hijos exitosos no es fácil, pero sí es más simple de lo que crees. Cámbiate a ti mismo, y cambiarás a tu hijo.

Esa es una promesa a prueba de todo.

ESTRATEGIA 7

MINIMIZA LA FRICCIÓN, OPTIMIZA LAS SOLUCIONES

Cómo puedes conseguir que tus hijos te escuchen siempre.

"Sin importar lo que yo diga, él tiene que discutir".

"Ella es tan distraída que olvidaría su propia cabeza si no estuviera pegada a su cuerpo".

"No me di cuenta hasta ahora de cuán consentido está mi hijo. Mi mamá me advirtió que lo estaba malcriando, pero ¿la escuché? No, y ahora lo estoy pagando".

"Mis hijos pelean y pelean. Es una rutina diaria que realmente me está poniendo de los nervios. No importa lo que diga o haga, siguen peleando".

"La única cosa en la que es buena es en meterse en problemas. No siempre lo hace a propósito, al menos eso creo, pero genera muchos líos que tengo que limpiar".

"Él escucha lo que digo, pero hace lo contrario solo para fastidiarme".

"Si ese niño me dice 'no' en ese tono una vez más, voy a explotar y hacer algo de lo que me arrepentiré".

"Me preocupa porque nunca se toma la vida en serio".

"Él está como sin rumbo, como un auto que zigzaguea por la carretera en lugar de ir por un carril. ¿El resto de la familia? Estamos en el carril rápido".

"Desde que cumplió trece años no hemos tenido una sola conversación que no terminara en gritos o en un enfrentamiento frío. ¿Qué está pasando?".

"Pasa tanto tiempo con sus amigos que se ha olvidado de que su familia existe".

Estos son solo algunos de los innumerables comentarios que he escuchado de papás y mamá que buscan soluciones reales al roce que sienten entre ellos y sus hijos.

Todos amamos a nuestros hijos, pero seamos sinceros: a veces nuestras ovejas son difíciles de querer, ¿no es así? Son inconvenientes y desordenadas, y a veces se desvían del camino que les marcamos y terminan atrapadas en arbustos espinosos. Entonces, tenemos la dolorosa y molesta tarea de rescatarlas.

Además de eso, siempre hay un cordero que es un pequeño alborotador, ese hijo que te pone los nervios de punta. En ocasiones tienes que apartarlo temporalmente del rebaño, enviándolo a un tiempo afuera para que vuelva a alinearse, ya que causa problemas al resto del grupo. En tus peores momentos, te sientes tentado a convertirlo en chuletas de cordero.

Sabes de lo que hablo. Tan pronto como escuchas los pasos de ese niño por el pasillo, sabes que es probable que se avecine otro enfrentamiento.

LO QUE HACEN LA MAYORÍA DE LOS PADRES

Cuando hay un choque entre padre e hijo, la mayoría de los padres eligen una de dos opciones:

Opción 1: Pacificar a tu hijo con palabras, acciones o cosas, y ceder a esas demandas indisciplinadas. ¿Tu lema? Paz a cualquier precio. En resumen, compras la tranquilidad cediendo a sus deseos.

El problema es que esa paz es de corta duración, hasta la próxima travesura. ¿Es eso realmente lo que quieres? ¿O quieres terminar ese enfrentamiento de una vez por todas? Si es así, tienes el poder de ponerle fin. Te mostraré cómo hacerlo en este capítulo.

Opción 2: Lo enfrentas directamente, decidida a ganar. Te aferras a tu posición y te dices a ti misma: *Este niño no va a salirse con la suya. ¿No se da cuenta de quién soy? Soy su madre. Estuve empujando durante nueve horas para darle la vida a este niño. No hay manera de que me trate de esta forma.* Por lo tanto, le das lo que quiere: te involucras en la batalla.

Sin embargo, si te involucras en la batalla o en jugar un juego con un hijo obstinado, saldrás perdiendo. Tienes mucho más que perder que él o ella, porque ese niño tiene la extraña habilidad de saber cuándo te tiene atrapado contra las cuerdas.

SI TE INVOLUCRAS EN LA BATALLA O EN JUGAR UN JUEGO CON UN HIJO OBSTINADO, SALDRÁS PERDIENDO.

Tú tienes una reputación que proteger en público. No quieres sentirte avergonzado frente a tus amigos, colegas o familiares, pero también estás en el rol de papá o mamá, y no quieres avergonzar a tu hijo frente a sus amigos o a cualquier otra persona, ya que eso podría "dañar permanentemente su psique". No estás completamente seguro de lo que es una psique, pero lo has leído en muchos blogs de crianza.

Considera esta conversación que tuve con Jolene, una mamá de tres hijos. Melody, su hija mayor de nueve años, la estaba llevando al límite emocionalmente.

"Siempre fue una bebé difícil, lloraba mucho y se frustraba fácilmente", me contó Jolene. "A medida que crece, esas tendencias se están volviendo todavía más fuertes. Solo tiene nueve años, pero dice cosas como: 'Ojalá pudiera vivir con otra familia. Soy fea. Me odio a mí misma'. Trato de decirle que esas cosas no son ciertas y de reforzar lo positivo, pero nada parece asimilarse o funcionar".

"¿Por qué crees que dice cosas así?", le pregunté. "¿Alguna idea?".

"Bueno, definitivamente reacciono cuando lo dice. Crecí en un hogar bastante duro y muchas veces quise irme de casa, pero nunca lo dije. No me atrevía. Me siento mal cuando mi hija lo dice".

"Entonces, otra pregunta para ti. ¿Cómo ha sido la vida injusta con ella?", pregunté.

Jolene frunció el ceño pensativamente. "No lo ha sido. Ha tenido una vida muy buena. Nos tiene a nosotros, muchas cosas, y no es fea. No sé de dónde saca todas esas ideas".

Sonreí. "Yo sí lo sé. Tienes una niña impulsada por el poder que ha descubierto la mejor manera de captar tu atención. Ella sabe qué botones presionar y es una experta en hacerlo. Te estás identificando demasiado con ella. Como tuviste una infancia difícil, quieres allanar su camino para que no experimente lo mismo, pero ella no está en el mismo entorno. Tiene un buen hogar.

"Para captar y mantener tu atención, que ahora está dividida entre ella y tus dos hijos menores, ha descubierto el mapa de ruta: *Todo lo que tengo que hacer es decirle a mamá: 'No soy buena. Soy fea. Soy esto. Soy aquello', y puedo conseguir que me preste atención y me dé lo que quiera.* Eso es una trampa para que tú digas: 'Pero, Melody, ¿por qué dices eso? Eres una niña tan hermosa. Eres buena en...', y comienzas a darle elogios, incluso algunos que no se merecen, en un intento de hacer que se sienta mejor consigo misma.

"Esa niña te está manipulando, y estás cayendo en su juego. Aún más, tú eres la única que se siente mal por eso. Melody seguirá haciéndolo hasta que su comportamiento deje de funcionar. En su lugar, intenta esto: la próxima vez que inicie su perorata de '*pobre de mí*', dile: 'Melody, lamento que te veas a ti misma de esa manera. Te diré la verdad: yo no te veo así, pero lo que piensas y sientes es asunto tuyo. No puedo cambiarlo'. Luego, dale la espalda, aléjate y ocúpate en otra cosa".

SOLUCIONES DE 10 SEGUNDOS DEL DR. LEMAN

Pregunta: Estoy cansado de los portazos en nuestra casa. A veces es intencional, cuando mis hijos se enojan por algo. Otras veces simplemente es por no prestar atención a lo que hacen al entrar o salir de la casa. Aun así, el sonido del golpe es el mismo. ¿Cómo puedo poner fin a esta actividad que da dolor de cabeza? Me está volviendo loca.

Respuesta: No es nada que un destornillador no podría arreglar, incluso si tienes que pedir uno prestado a un vecino. Si se trata de la puerta del cuarto de tu hijo y le gusta cerrarla de golpe para causar efecto, quítala de las bisagras y deja que empiece a fluir la brisa. A los niños les encanta su privacidad. Entre la opción de cerrar la puerta más silenciosamente y conservar su privacidad, o no tener privacidad en absoluto, 9.9 de cada 10 niños elegirán la primera opción.

Por otro lado, si se trata de la puerta de entrada de la casa, probablemente quitarla no sea una opción.

Podrías intentar usar el sentido del humor: "Oh, me lo perdí. Intenta cerrar la puerta de golpe otra vez, pero más fuerte esta vez. Apuesto a que a todo el vecindario le encantaría".

Eso es mejor que decir algo como: "¿Crees que vivimos en un establo? Cierra esa puerta como si vivieras en una casa".

O podrías apartar tranquilamente a ese niño que está cerrando la puerta de golpe sin querer y decir: "Estoy pensando si podrías hacer algo por mí. Necesito tu ayuda". Esperas hasta que los ojos del niño se encuentren con los tuyos. "El sonido de una puerta cerrándose de golpe realmente me molesta. Interrumpe mi trabajo, me pone nervioso y me da dolor de cabeza. Me encantaría si pudieras tomarte un segundo para sujetar la puerta y cerrarla más suavemente cuando entres o salgas. Les estoy pidiendo a todos en la familia que ayuden con esto".

Si tienes múltiples cerradores de puertas de golpe en la familia y quieres darle un toque divertido a la solución del problema, podrías usar un "Frasco de las Puertas". Cada vez que alguien agarre a otro cerrando la puerta de golpe, el infractor tiene que poner una moneda o un billete en el frasco. Al final del mes, el niño que haya sido atrapado menos veces cerrando la puerta de golpe se lleva el dinero del frasco para gastarlo en lo que quiera.

Que comience la buena rivalidad entre hermanos.

"¿Realmente crees que eso funcionará, doctor?", preguntó Jolene.

Sonreí. "*Sé* que funcionará. Lo ha hecho para cientos de miles de padres que han enfrentado el mismo problema. Pruébalo tú misma y verás".

Tres semanas después, una emocionada Jolene escribió: "Vaya, realmente funcionó. Toda nuestra familia está más feliz desde que ya no tenemos una nube de lluvia constante en nuestra casa".

Si tu hijo te está sacando de quicio, es hora de desconectar la cadena. Pero debes ser constante. Di algo una vez y luego no participes más en el juego. Aléjate. Cuando nadie está jugando al otro lado, los juegos se vuelven aburridos y monótonos rápidamente.

POR QUÉ TÚ Y ESE NIÑO EN PARTICULAR CHOCAN

Hay algo más que quiero señalar sobre Jolene y Melody. La razón por la que Jolene tenía problemas para desconectarse de las emociones de su hija es porque ella misma había crecido sintiéndose fea, odiando su entorno y deseando poder vivir en otro lugar. Jolene no soportaba la idea de que su hija pudiera crecer de la misma manera que ella, como hija mayor, pensando y sintiendo lo mismo.

Sus propias emociones le impedían darse cuenta de que el entorno de su hija era muy diferente al que Jolene había tenido. Además, Melody no se sentía realmente fea. Simplemente usaba las palabras que sabía que activarían la atención y empatía de su mamá. La trampa fue efectiva hasta que Jolene decidió desconectar.

Piensa un segundo en el niño con el que más chocas. Solo te tomará un segundo, porque es fácil identificarlo. Es el que te sube la presión con sus palabras y sus travesuras.

Pero ¿quién es realmente ese niño? Es el que *más se parece a ti*. Por eso, los dos son como carneros chocando los cuernos por el territorio. Ambos están profundamente arraigados en sus posiciones, y ninguno de los dos quiere moverse. Él o ella puede presionar fácilmente tus puntos sensibles, incluso los que no sabías que tenías. Sin embargo, cuando entiendes quién es él, quién eres tú y por qué reaccionan el uno con el otro de la manera en que lo hacen, puedes responder de manera positiva a ese niño y a las sorpresas que trae la vida.

POR QUÉ TUS CACHORROS SON DIFERENTES

Es increíble cómo tus cachorros pueden salir del mismo agujero (tu hogar) y ser tan diferentes, ¿no es cierto? Aunque cada uno de nosotros tiene su propio conjunto de huellas dactilares, he aprendido, a lo largo de años estudiando el orden de nacimiento, que podemos obtener algunas pistas sobre cómo responderán los hijos mayores y los hijos únicos, los del medio y los más pequeños de la familia, ante la vida y entre ellos.

Usaré a la familia Leman, en la que crecí, como ejemplo. May y John Leman tuvieron tres cachorros: Sally, Jack y Kevin.

Mi hermana Sally es ocho años mayor que yo. Es una persona de clase, del tipo que hasta pone lazos en las bolsas de basura antes de sacar la basura. Cuando llegas a su casa, lo primero que te recibe en la puerta es un camino de vinilo transparente, desde el cual puedes elegir el camino hacia cualquier habitación. Entras, giras a la izquierda, entras a la sala de estar, y luego ves las sábanas sobre los muebles que no se están utilizando para que no se llenen de polvo. Ella organiza su estante de especias alfabéticamente y plancha los tapetes del sofá por placer. Sus hijos estuvieron coordinados por colores desde el día en que salieron del útero. Incluso pondría un periódico bajo su reloj de cuco (quizá lo conozcas como reloj cucú) si tuviera la oportunidad.

Pero esa es mi hermana mayor: una estudiante, triunfadora y perfeccionista que tiene todo bajo control. La que se casó con un dentista, también hijo mayor, cuyo lema es: "Encuentra el agujero, perfora el agujero, llena el agujero". Oh, y luego: "Factura el agujero".

A continuación está mi hermano. Era un niño del medio típico, rudo y revoltoso, pero también el primer hijo varón que recibió el nombre de mi padre. A John Jr. lo llamaban "Jack", para que mi mamá no se confundiera al llamarlos para la cena. Él era mi hermano mayor, y lo adoraba. Un mariscal de campo estrella en el equipo de fútbol americano de su escuela secundaria, también fue votado el más guapo en el baile de graduación y tenía una serie de otros logros. Todavía recuerdo llevar su camiseta número 12 en la escuela cuando él era un veterano y yo estaba en octavo grado. Me sentía como Hércules, de pie sobre el mundo en la camiseta de Jack.

Luego llegó el pequeño Kevin, también conocido como "Cubby". Yo apliqué para ingresar a 140 universidades y escuelas y no pude entrar a ninguna de ellas. Ninguna. Incluso apliqué para ingresar a la escuela de mi denominación religiosa y me rechazaron. Aunque les envié un versículo de la Biblia sobre el perdón, no les impresionó. Hasta la fecha, décadas después, todavía recuerdo su respuesta:

> Lamentablemente, el historial de Kevin no respalda la admisión. Por lo tanto, en lugar de otorgarle una admisión provisional, que nuestros estudios demuestran que conduciría a su fracaso, debemos rechazar su aplicación.

Cuando recibí la carta, llamé a mi hermano emocionado. "Jack, ¡me aceptaron en la universidad! Tengo la carta justo aquí".

"Eso es maravilloso", dijo él. "¿Dónde? Déjame escuchar la carta".

Se la leí.

Él se rio. "No te aceptaron, tonto. Te rechazaron". Así de desconectado estaba yo como adolescente de diecisiete años. En ese momento estaba tomando clases de matemáticas, tratando de entender cuántas manzanas tendría si comenzara con tres y alguien se comiera dos de ellas.

Al mirar atrás y recordar mi falta de motivación en ese entonces, me culpo a mí mismo. No tenía idea de lo que estaba haciendo, y mucho menos a dónde me dirigía. No es de extrañar que solía sacar de quicio a mis maestros y padres.

Con ese trasfondo, ¿ves por qué creo que *cada niño* puede tener éxito en la vida? Tú, como papá o mamá, solo tienes que ayudarlo a encontrar la fórmula correcta.

QUIÉN ES REALMENTE TU HIJO

Puede que pienses que cada uno de tus hijos salió de la misma guarida, pero en realidad no lo hizo. Esto se debe a que, con la llegada de cada hijo a tu hogar, la composición de esa guarida cambia.

Así es para cada uno de tus hijos cuando entra en tu familia. Para resaltar las diferencias, vamos a poner a cada uno de tus hijos en el mismo entorno. Imagina que estás de vacaciones con la familia junto al mar. Escucha las olas. Respira ese aire salado...

TU HIJO MAYOR

Este niño está de pie en la playa y observa su entorno. Ha buscado en el internet la temperatura, la velocidad del viento, la probabilidad de lluvia para el día, y cuándo suben y bajan las mareas en esa zona. Coloca su esterilla en una posición estratégica. Su toalla, lentes de sol y protector solar están cuidadosamente organizados en un lado de la esterilla, con sus sandalias sujetando el otro lado.

Cuando finalmente llega al agua, sacude la cabeza ante sus hermanos más pequeños, que ya están saltando en el océano. Con un ojo de águila en sus pertenencias en la playa, salta al agua intentando saber la profundidad de esta.

Los hijos mayores son organizadores, hacedores de listas y planificadores. Necesitan tener listas para encontrar sus listas. Saben exactamente cómo debieran hacerse las cosas y creen que hay una manera correcta y una equivocada de hacerlas, sin término medio. Por eso, los demás pueden verlos como mandones, pero todo eso es porque temen cometer errores y odian las sorpresas.

Los hijos mayores son educados desde la infancia para el éxito. Son el punto de referencia de la familia y los responsables en quienes puedes confiar. Por eso reciben con más frecuencia los sermones de los padres:

- "¿Qué fue eso? ¿Cómo pudiste tratar así a tu hermano pequeño?".
- "No me importa lo que ella hizo. Tú eres el mayor. Espero más de ti".
- "¿No quieres llevar a tu hermano contigo? Está bien. Puedes quedarte en casa".

LOS HIJOS MAYORES SON EDUCADOS DESDE LA INFANCIA PARA EL ÉXITO.

A los hijos mayores también se les asignan más tareas, ya que son quienes siempre las terminan. No es extraño que se vuelvan orientados al logro y sean cautos con las nuevas experiencias, como saltar al agua sin saber qué profundidad hay. Se ven a sí mismos como que cuentan en la vida solo cuando ganan, compiten y dominan.

De los primeros veintitrés astronautas en el espacio, veintiuno eran hijos mayores y dos eran hijos únicos. Nótese que no había ni un solo hijo del medio o el más pequeño entre ellos. Los hijos mayores se convierten en bibliotecarios que te hacen callar, arquitectos que diseñan casas que resistirán cualquier tormenta, contadores que encontrarán el único defecto en tus impuestos, ingenieros que construyen carreteras duraderas, y pilotos de avión en los que confías para llevarte al aire y traerte de vuelta de una sola pieza.

EL HIJO ÚNICO

Este niño actúa como un hijo mayor, pero es aún más cuidadoso y perfeccionista. Le lleva el doble de tiempo calcular todo lo que un hijo mayor calcularía y adentrarse con cautela en el agua. Dependiendo de su edad, podría pedirte que vayas con él, incluso si hay muchos niños de su edad en la playa. Después de todo, se siente más cómodo interactuando con adultos porque está acostumbrado a estar solo con sus padres.

Los hijos únicos son una clase por sí mismos. A menudo se les acusa de ser consentidos, pero permíteme asegurarte que la mayoría de las cosas que se les atribuyen no son ciertas. En realidad, los hijos únicos tienen todas las características de los hijos mayores, pero multiplicadas por tres. Mientras que los hijos mayores son responsables y confiables, los hijos únicos son superresponsables y superconfiables. ¿Quieres que alguien haga un trabajo? Contrata a un hijo único. Valen su peso en oro. Se quedarán despiertos toda la noche para terminarlo.

Los hijos únicos sienten incluso más presión parental porque no solo son el hito para sus familias, sino que también son el *único* hito; por lo tanto, si meten la pata, la reputación de toda la familia queda manchada. Eso hace que los hijos únicos sean adicionalmente cautos, competitivos y muy alérgicos a los errores.

También pueden ser extremadamente temerosos. Debido a que son los únicos, se preguntan: *¿Y si mamá o papá mueren? ¿Y si soy el único que queda?* Esto es aún más cierto si fueron adoptados y ya han experimentado el abandono, o si son hijastros que vivieron la traición o la muerte de un padre.

> SE LES ACUSA DE SER CONSENTIDOS, PERO PERMÍTEME ASEGURARTE QUE LA MAYORÍA DE LAS COSAS QUE SE LES ATRIBUYEN NO SON CIERTAS.

Los hijos únicos tienen una característica particularmente peculiar: no entienden por qué los hermanos se pelean. Pregúntale a María, una hija única que se casó en una familia italiana con cuatro hermanos.

TU HIJO DEL MEDIO

Desde el momento en que este niño llega a la playa, comienza a buscar otros niños de su edad con quienes pasar el rato. No tiene problema en buscarlos y dejar atrás al hermano mayor mandón o al hermano menor travieso. En cuestión de cinco minutos ya ha encontrado un grupo nuevo con el que se va a divertir, y pronto estará lanzando un *frisbee* con ellos. Apenas lo verás el resto del día, excepto cuando regrese a recoger algunos de tus bocadillos.

Si hay una garantía en cuanto al orden de nacimiento, es que los dos primeros hijos de cualquier familia serán totalmente diferentes entre sí. El segundo hijo observa cómo ha sido el camino del primero y piensa: "No hay modo de que pueda competir con eso, así que voy a hacer todo lo contrario".

Dile a cualquier hijo del medio las palabras "álbum de fotos familiares", y lo más probable es que recibas un gesto levantando sus cejas. Esto se debe a que la mayoría de las familias tienen miles de fotos del primer hijo en álbumes de lujo, mientras que los segundos hijos suelen quedar relegados a un par de fotos dispersas. ¿El hijo del medio? Podría tener unas cuatro fotografías de él solo. Probablemente, su primera fotografía en la vida es con el brazo de su hermano o su hermana sobre su cabeza. No tiene muchas sin que sus hermanos aparezcan también.

SI HAY UNA GARANTÍA EN CUANTO AL ORDEN DE NACIMIENTO, ES QUE LOS DOS PRIMEROS HIJOS DE CUALQUIER FAMILIA SERÁN TOTALMENTE DIFERENTES ENTRE SÍ.

Por eso, los hijos del medio están acostumbrados a valerse por sí mismos y a crear redes sociales fuera de tu hogar. Puede que no notes que están ausentes de casa por un tiempo, ya que no están bajo tu ojo vigilante como tu primogénito o el bebé de la familia; sin embargo, en sus círculos sociales son los reyes o las reinas, porque son amigos leales en quienes otros pueden confiar. Son reservados, pero cuidan celosamente los secretos de los demás.

Los hijos del medio están acostumbrados a usar ropa heredada, especialmente si el hermano mayor es del mismo sexo. Son hábiles negociadores entre sus hermanos en conflicto, si no es por otra razón que por crear algo de paz para sí mismos. Debido a que odian la confrontación y estar atrapados entre sus hermanos, tienden a hacer concesiones.

Uno de los presidentes de Estados Unidos conocido por su diplomacia en la negociación de asuntos internacionales fue Richard

Nixon, un hijo del medio. Abraham Lincoln y John F. Kennedy también fueron hijos del medio. En contraste con esto, la mayoría de nuestros presidentes han sido primogénitos. Solo unos pocos bebés de la familia han llegado a la Casa Blanca, ya que la mayoría, evidentemente, como yo, se perderían en el camino *hacia* la Casa Blanca. Tenemos a William Henry Harrison, quien estuvo un mes en el cargo, y Andrew Johnson. Ninguno de ellos fue el presidente más prestigioso que hemos tenido. El hijo pequeño más famoso de todos fue Ronald Reagan. Su esposa Nancy, una hija única, lo llamaba "Ronnie" (para que conste, los primogénitos y los bebés hacen una excelente pareja matrimonial. Para más sobre esto y otras combinaciones matrimoniales, consulta *The Birth Order Book: Why You Are the Way You Are [El libro del orden del nacimiento: Por qué eres como eres]*).

TU PEQUEÑO DE LA FAMILIA

En cuanto este niño ve el agua reluciente, tira su toalla y sus sandalias en un montón, sin importar dónde caigan. Gritando "¡Shazam!" y con los brazos agitados, corre hacia el agua y se lanza directamente. No importa que una gran ola blanca se acerque directamente hacia él. La deja envolverlo y luego sale disparado del agua como un delfín, sonriendo ampliamente.

Una vez que sale del agua, ve a otros niños de su edad construyendo un castillo de arena y fácilmente se une al grupo con su encanto. Diez minutos después, trae a todo el grupo de regreso a tu picnic para que se sirvan, y se sienta en el centro de la acción, disfrutando cada minuto. La emoción y la aventura son los segundos nombres de tu pequeño de la familia.

Los hijos pequeños usan su ternura para salirse con la suya. El juego favorito de un bebé es hacer que un hermano mayor se meta en problemas al provocarlo. Como el hermano mayor no va a dejarse molestar por un hermano pequeño, le pega. ¿Qué pasa después? El bebé monta un gran escándalo.

Mamá o Papá Oso abre esa puerta de golpe. "Bien, ¿qué sucede aquí?". Miran al hermano mayor. "¿Cuántas veces te he dicho que dejes en paz a tu hermano pequeño?".

Mientras tanto, él llora porque su hermano mayor lo golpeó; pero, en su interior, ¿qué está diciendo ese bebé? *Ajá, pobre diablo. Te tengo.*

Los hijos pequeños son sociables y encantadores, pero también son manipuladores. Podrían vender ratas para ganarse la vida si fuera necesario, o lograr que sus hermanos hagan sus tareas en cualquier momento si juegan bien sus cartas. Yo lo sé porque soy el pequeño de la familia, y sabía cómo lograr que mi hermana Sally o mi hermano Jack hicieran lo que yo debía haber hecho.

EL JUEGO FAVORITO DE UN BEBÉ ES HACER QUE UN HERMANO MAYOR SE METE EN PROBLEMAS.

LO QUE TUS HIJOS NECESITAN MÁS DE TI

Debido a que tus hijos son diferentes, lo que cada uno necesita de ti para sentirse especial no es lo mismo. El orden de nacimiento gobierna en tu hogar, ya sea que lo hayas reconocido hasta ahora o no. Los primogénitos tienden a tener la mayor responsabilidad, mientras que los pequeños se libran de ella. Los hijos del medio suelen ser ignorados o presionados por ambos lados.

Como mencioné antes, para que los niños se conviertan en responsables se les deben asignar responsabilidades. Esto significa que *todos* tus hijos deberían tener tareas y ser responsables de realizarlas. A medida que el primogénito se vuelve más ocupado con la escuela y otras actividades, sus responsabilidades en la casa deberían disminuir en lugar de aumentar. Algunas de sus tareas deberían ser pasadas a los hijos más jóvenes, quienes entonces deben asumirlas.

Sobre todo, *no* hagas que tus hijos trabajen en la misma zona de la casa o del jardín. De lo contrario, lo que sucederá será predecible. El primogénito se frustrará con la falta de organización del pequeño y se ocupará de su trabajo. El hijo del medio se escapará del jardín y se irá al de los vecinos, donde ya están sus amigos. Y el pequeño estará... bueno, en algún otro lugar que definitivamente no es la zona de trabajo que pediste.

LO QUE TU PRIMOGÉNITO O HIJO ÚNICO NECESITA DE TI

Aquí están las tres cosas principales que tu primogénito o hijo único necesita de ti:

1. Expectativas razonables.

No le pongas la zanahoria tan lejos que tu hijo no pueda alcanzarla. Si la alcanza, no la alejes más. Ella o él ya espera mucho de sí mismo. No añadas más peso a su carga. Es una cosa esperar excelencia de tus hijos, pero otra es esperar perfección.

Si los estándares están fuera de su alcance, tu hijo nunca pensará que es lo suficientemente bueno para ti. No es una receta para el éxito en el largo plazo si le empujas a ir a Harvard y logra ingresar, pero luego se enfrenta a un grupo de jóvenes altamente exitosos como él con los que tiene que competir.

2. Alivio de responsabilidades y beneficios relacionados con su posición.

No llames siempre al primogénito para hacer tareas que quieres que se hagan bien. Tus otros hijos también tienen piernas y brazos. Los hijos del medio y los pequeños necesitan aprender a asumir responsabilidades y ser responsables de las tareas que no completan. El primogénito no debe ser la niñera de último minuto cuando la tuya falle, a menos que no tenga otros planes y acepte hacerlo. En ese caso, debería recibir una compensación, como el dinero que habrías destinado a una niñera, o un intercambio, como permitirle tener amigos en casa para una noche de película el siguiente fin de semana.

El primogénito que tolera que sus hermanos pequeños destruyan su cuarto y lo avergüencen frente a sus amigos merece algunos beneficios, como una hora de dormir un poco más tarde o un rincón en el sótano al que sus hermanos no tengan acceso. Eso le dice: "Sé que tu hermano y tu hermana pueden ser molestos a veces. Debido a que soportas mucho, incluso cuando te doy más de lo que te corresponde, quiero que tengas un tiempo donde tus hermanos no puedan invadir tu espacio". Una hora más tarde de lo habitual puede hacer maravillas sobre cómo el primogénito se siente con respecto a sus hermanos.

3. *Gracia.*

Si tienes un primogénito o hijo único que comienza proyectos pero no los termina, que rompe dibujos que ha hecho, o que hace la tarea pero no la entrega, eso es una señal de desánimo; sin embargo, también es una señal de algo más: que hay al menos un padre con ojo crítico en la casa.

Un padre con ojo crítico, el tipo que puede detectar un error a diez metros, es la peor pesadilla de un primogénito o hijo único. El perfeccionismo es como un suicidio lento. Tu hijo *fallará*, así como tú fallas, porque es un ser humano. Él necesita la misma gracia que tú desearías que te mostraran. También necesita saber: "Está bien no ser perfecto. No tienes que sacar siempre calificaciones sobresalientes, conseguir el papel principal en la obra de la escuela, o tener un lugar en el equipo de baloncesto. Te amo igual".

TU HIJO DEL MEDIO

Aquí están las tres cosas principales que tu hijo del medio necesita de ti:

1. *Ser observado.*

Piensa por un momento. ¿Quién es el niño con la peor posición en la familia? Es tu hijo del medio. Tienes al primogénito de alto rendimiento y al querido hijo menor (ya sea que queramos admitirlo o no). Después está tu hija del medio, que tiene un difícil papel a seguir en ambos extremos. Nunca pedirá atención, pero la necesita tanto como los demás.

Haz un esfuerzo por notar cuando lo esté haciendo bien y felicítala por ello. "Eres increíble. Aprecio la manera en que te mantienes calmada en medio de la crisis, incluso cuando tus hermanos se están lanzando misiles entre ellos. Siempre parece que encuentras la manera de hacer que vean la razón. Nadie más en nuestra familia lo hace tan bien como tú".

2. *Que les pidan su opinión o consejo.*

Los hijos del medio están acostumbrados a actuar como mediadores y negociadores entre hermanos que se pelean, pero no están acostumbrados a que les pidan consejo. De hecho, son los menos propensos a que se les pida su opinión, al menos en la casa. Entonces, ¿por qué no pedirle la opinión de tu hijo del medio sobre algo en lo que sea bueno?

Si tu hijo de once años es un experto en el internet, dile: "Oye, realmente estoy teniendo dificultades con una investigación en el internet. Tú eres bueno en esto. ¿Te gustaría ayudarme durante unos minutos?".

Pedirle ayuda a tu hijo es una forma de decir: "Reconozco que eres bueno en esto. Estoy prestando atención a lo que se te da bien, y creo que haces una contribución única y valiosa a esta familia". Esta afirmación le muestra al hijo del medio que es importante y lo motiva a sugerir otras áreas en las que podría ayudarte, desarrollando así sus propias habilidades.

Entonces, pide su opinión sobre eventos familiares, ya que es el menos propenso a hablar sobre dónde ir a cenar, hacer un picnic o ir de vacaciones. Si es bueno en matemáticas, deja que te ayude con las finanzas familiares.

3. *Tener tiempo a solas contigo, sin sus hermanos.*

Los hijos del medio a menudo necesitan tiempo individual con sus padres para evitar que se sientan pasados por alto.

¿Qué le gusta hacer a tu hija del medio? Si a tu hija de quince años le gusta esquiar, llévala a un viaje a ella sola para pasar un fin de semana divertido. Deja a los otros dos niños en casa, aunque griten: "¡Eso no es justo! ¿La vas a llevar *a ella*? ¿Por qué no podemos ir nosotros?".

Hazle otro favor. Tómale fotos solo a ella en esa maravillosa salida, y en otras ocasiones también. Ahórrate algo de vergüenza. Así, más adelante no tendrás que decirle a su posible pareja: "Pues, ¿una foto solo de ella? Bueno, tenemos algunas fotos familiares, si quieres verlas".

EL BEBÉ DE LA FAMILIA

Aquí están las tres cosas principales que tu hijo pequeño necesita de ti:

1. *Ser notado y apreciado.*

Los bebés viven para su momento de protagonismo. Son los artistas que te hacen reír y suavizan las situaciones tensas con su presencia. Sin embargo, si se les ignora o no se les aprecia por sus habilidades, rápidamente pueden desalentarse y volverse resentidos. Un bebé desalentado no tendrá ninguna motivación. Un bebé resentido puede causarte muchos problemas.

Prueba esto: imagina que tu pequeño de la familia es una foca actuando en un espectáculo en un zoológico. Lo único que necesita para dar lo mejor de sí es una audiencia y, de vez en cuando, un pez o dos como muestra de aprecio. Entonces, te sorprenderás de lo que ese pequeño puede hacer.

NUNCA DEBERÍAS HACER NADA POR TUS HIJOS QUE ELLOS MISMOS DEBERÍAN HACER.

2. *Aprender a ser responsable y rendir cuentas.*

Debido a que los bebés son encantadores y pueden ser manipuladores, son muy buenos para evadir el trabajo convenciendo a sus hermanos de hacerlo por ellos. O dejan que se les caiga la pelota, sabiendo que alguien más en la familia suspirará y dirá: "Vaya, esa es Suzy", y lo hará por ellos en lugar de buscar al pequeño para que lo haga.

Los pequeños de la familia necesitan responsabilidad a fin de aprender responsabilidad. Necesitan rendir cuentas de cuando dejan caer la pelota o no completan una tarea hasta el final. Lo peor que puedes hacer por los bebés es rescatarlos.

Nunca deberías hacer nada por tus hijos que ellos mismos deberían hacer.

3. *Comprender que los demás importan.*

Como a los pequeños les encanta ser el centro de atención, a veces olvidan que no siempre pueden serlo. Tus otros hijos también merecen tiempo en ese lugar. Muchos niños pequeños son criados pensando que son el sol sobre el que giran los demás planetas. No es así, y cuanto antes aprendan eso, mejor será para su éxito en la vida y para todos a su alrededor.

Pero aquí tienes una maravillosa noticia. Los hijos pequeños son personas cariñosas, afectuosas y generosas que hacen amigos rápidamente. Cuando se dan cuenta de que los demás importan, pueden ser un sueño para las empresas que saben cómo manejarlos y motivarlos.

Cuando entiendes quiénes son tus hijos y qué es lo que más necesitan de ti, puedes evitar esos choques que convierten tu hogar en una zona de guerra. Minimizar la fricción y optimizar las soluciones ayuda a enfocar tu energía donde más importa: motivar a tus hijos hacia el éxito de las maneras que coincidan con su visión del mundo y sus dones.

Para obtener más información intrigante sobre el orden de nacimiento y las variables que afectan la constelación familiar, como el género, la diferencia de edades y los cambios de roles, consulta *The Birth Order Book*.[3] Lo que aprenderás cambiará la vida de tu familia de formas que no puedes imaginar.

SOLUCIONES DE 10 SEGUNDOS DEL DR. LEMAN

Pregunta: Mi tercer hijo se retira cada vez que alguien le reta incluso en las cosas más pequeñas. ¿Cómo puedo enseñarle a defenderse por sí solo? Lo necesitará para sobrevivir entre sus otros tres hermanos, y ya no digamos en este mundo competitivo.

Respuesta: Si ese niño más tranquilo y suave está creciendo con tres hermanos, sinceramente es un milagro que haya llegado tan lejos. Un montón de muchachos puede ser una audiencia difícil. Es una competencia enorme y bastante lucha para estar a la altura.

Tu tercer hijo probablemente está aplastado entre dos hermanos mayores que son estrellas por derecho propio y un hermano menor, tipo "entretenedor". Si uno de sus hermanos mayores es la estrella académica, el otro probablemente sea una estrella atlética o musical. Eso deja al tercer hijo en una zona gris, sin saber exactamente quién se supone que debe ser. Ciertamente no puede y no quiere competir con sus hermanos mayores o con ese bebé de la familia, que tiene el talento para ser ruidoso y molesto.

El tercer hijo probablemente sea el que desaparezca de la mesa durante la cena y no sea notado; sin embargo, irónicamente, es el que todos los hermanos buscan cuando tienen una pelea. Eso es porque tu niño que se retira tiene un don natural para la mediación, y lo ha convertido en un arte refinado con sus hermanos. Fuera de tu familia, ese don le ha ayudado a formar un grupo leal de amigos que se mantienen unidos y se protegen mutuamente.

No todos los niños tienen que ser luchadores como tus otros hijos para sobrevivir en este mundo. También necesitamos mediadores y artistas.

Aquí está lo que tu hijo necesita:

- saber que sus opiniones, pensamientos y sentimientos importan;
- tener tiempo a solas contigo, sin sus hermanos;
- ver tu interés específico en él y en sus actividades;
- escuchar con frecuencia lo que aprecias de él;
- saber que sus dones particulares no solo son necesarios sino también deseados en tu familia. Nadie puede ocupar su lugar.

Haz estas cosas, y el tercer hijo levantará la cabeza con orgullo y se defenderá a sí mismo, incluso entre esa abrumadora masa de testosterona en tu hogar.

Bendiciones para todos ustedes.

SEIS SOLUCIONES PRÁCTICAS PARA MINIMIZAR LA FRICCIÓN

Cada vez que dos o más personas comparten el mismo espacio por largos periodos de tiempo, es inevitable que haya algo de fricción. Aprender a minimizar esa irritante fricción es crucial para tu objetivo de criar hijos exitosos. Cuando respondes con calma a conductas que normalmente convertirían tus palabras en misiles, esa transformación hará que tus hijos se queden pensando, preguntándose qué le ha pasado a la mamá o papá de siempre.

El inicio de cualquier transformación comienza contigo. Cuando tus hijos ven que estás haciendo las cosas de modo diferente, se sentirán atraídos irresistiblemente y querrán saber por qué.

A continuación, seis soluciones prácticas para minimizar la fricción irritante.

1: HAZTE LA PREGUNTA, "¿QUÉ HARÉ DIFERENTE ESTA VEZ?".

Haz una pequeña autoevaluación. Cuando ocurrió una situación en particular antes, ¿qué hiciste?

¿Funcionó eso?

Probablemente no, o esa situación no se repetiría.

Dado que ese método no funcionó, pregúntate: "¿Qué haré diferente esta vez para obtener un resultado diferente?".

Sin embargo, tales preguntas no funcionan a menos que tengas en mente tu mapa de ruta. Por eso, lo primero que te pedí que hicieras en este libro fue decidir qué rasgos de carácter consideras importantes para que tu hijo los desarrolle y se convierta en un adulto exitoso.

Por ejemplo, si la honestidad es un rasgo fundamental para ti, y tu hijo de ocho años roba una barra de chocolate en una tienda, querrás frenar eso rápidamente. No lo reprenderás por su acción, pero dejarás claro lo que piensas: "Nosotros somos los Smith, y los Smith no roban. Está mal tomar algo que le pertenece a otra persona y que no pagaste".

No dejarás que el niño se salga con la suya diciendo: "Estoy seguro de que no lo hizo a propósito. Tiene solo ocho años. Probablemente no sabía que estaba mal". Incluso un niño de ocho años sabe la clara diferencia entre el bien y el mal. Si no lo supiera, ¿por qué comió esa barra de chocolate en secreto y trató de esconder el envoltorio para que no lo vieras?

Ese niño no es tan tonto ni tan inocente como piensas.

Por lo tanto, haz lo correcto. Haz que ese niño regrese a la tienda, incluso si te causa vergüenza temporal como padre. No lo rescatarás. Lo respaldarás, pero *él* será quien hable con el gerente. Es *su* alcancía la que se ve afectada para pagar esa barra de chocolate. Y, si el gerente decide que debe pagar el doble o hacer algún trabajo para compensar su robo, que así sea. ¿No preferirías que tu hijo de ocho años aprenda sobre la honestidad ahora, antes de que decida "tomar prestada" una prenda cuando tenga trece años o un auto cuando tenga dieciséis?

No tengas miedo a sufrir un poco de vergüenza ahora por el bien de tu hijo en el largo plazo. Cuando hagas las cosas de manera diferente, tu hijo sabrá que hablas en serio. Una barra de chocolate puede parecer algo pequeño, pero si se maneja correctamente, es una lección de vida importante que tu hijo no olvidará.

2: DI LO QUE QUIERES DECIR Y DILO DE VERAS.

La mayoría de los niños están entrenados con el principio 1, 2, 3.

1: "Vamos, Gerald, el desayuno está listo. Ven a comer".

2: "¡Gerald Timothy, te dije que el desayuno está listo. ¡Entra aquí o se enfriará!".

3: "¡Gerald Timothy Davis, ¿no me estás escuchando? ¡Entra aquí ahora! ¡Es hora del desayuno!".

Bueno, sí, él estaba escuchando. Estaba escuchando algo específico: que subieras tu voz al tono adecuado, acompañado del uso de sus tres nombres. Entonces sabía que mejor debía prestar atención o habría consecuencias. Ese niño tiene calculado el tiempo que puede jugar a su videojuego hasta que en realidad te pongas serio y hables en serio.

Pero ¿qué pasaría si simplemente dijeras lo que quieres decir y lo dijeras de veras?

"Gerald, el desayuno está listo. Ven a comer".

O el niño aparece, o no lo hace. Si llega media hora después, su avena estará en un tazón frío y apelmazada. Mmm... apetitoso.

Deja que él decida qué hacer con eso. No se la recalientes. No ofreces prepararle algo nuevo ni hacerle otra cosa. De hecho, desaparecerás de esa cocina.

¿Crees que tal vez ese niño actuará según tu primer mandato la próxima vez? Es mucho más probable. Y, si no lo hace, entonces le tocará tomar otra vez esa avena apelmazada. Las consecuencias naturales reinan cuando dices lo que quieres decir y lo dices de veras.

3: NO HAGAS PREGUNTAS.

Los niños aborrecen las preguntas tanto como los esposos, especialmente cuando las hacen padres bienintencionados que se entrometen en sus asuntos. El odio a las preguntas aumenta aún más en la escuela secundaria, donde los niños están tratando de descubrir quiénes son por sí mismos, separados de mamá, papá y el hermano o hermana mayor, y donde temen algo peor que la muerte: la vergüenza social. No necesitan una mamá o un papá protector que marchen a la escuela para resolver sus problemas.

Cuando tu hijo tiene cara de tormenta, si haces una pregunta será como un barco con las compuertas cerradas. No conseguirás ninguna información.

En su lugar, un comentario como este es apropiado: "Parece que tuviste un día difícil. Si alguna vez quieres hablar sobre algo, avísame. Búscame y estaré feliz de escuchar lo que estás pensando".

Cuando ese niño te busque, para algunos podría ser más tarde esa noche o incluso en un par de semanas, entonces haz lo que dijiste.

Escucha. No ofrezcas soluciones. No resuelvas el problema por él. Aprenderás mucho más de esa manera que si intentas sacar información o arreglar el problema.

Cuando realmente necesites mostrar empatía y compromiso, comentarios como estos ayudan:

"Mmm... ya veo".

"Lo entiendo. Eso está difícil".

"Vaya, entiendo".

Cuando tienes un problema, ¿qué es lo primero que quieres? Alguien que te escuche con empatía. A menudo sabes lo que quieres hacer, pero simplemente necesitas procesarlo. Tener apoyo te da la valentía de levantarte después de ser derribado. Luego puedes avanzar con confianza en tu plan de acción.

Un niño saludable no quiere ser rescatado. Quiere resolver el problema con su propia inteligencia, fuerza y habilidades. Solo necesita que tú, la persona en quien más confía, lo respaldes y escuches su problema, su proceso y su plan.

Dependiendo de su temperamento, tu hijo puede necesitar algunas sesiones de quejas primero. Si lo único que escuchas son quejas, este tipo de respuesta parental es útil: "Definitivamente es un problema. Entiendo por qué estás preocupado, pero te conozco. Lo resolverás. Siempre lo haces".

Entonces, puedes dar un ejemplo de una situación en la que tu hijo estuvo en un apuro, la manejó bien y se levantó. Eso hará que su rostro vuelva a sonreír y lo empoderará para hacer lo que necesita hacer en esta situación también.

UN NIÑO SALUDABLE NO QUIERE SER RESCATADO. QUIERE RESOLVER EL PROBLEMA CON SU PROPIA INTELIGENCIA, FUERZA Y HABILIDADES.

4: ACTÚA, NO REACCIONES.

Se necesitan dos para bailar el tango, y no tienes que ser parte de ese baile. Es difícil mantener una pelea si solo una persona está en ella.

Supongamos que tu hija de quinto grado tiene un proyecto para la feria de ciencias que debe entregar mañana. Ella ha esperado hasta el último minuto, y ahora su volcán no está expulsando humo como debería.

"Es todo culpa tuya", te grita. "Me dijiste que este sería un buen proyecto de ciencias".

Strike 1: Ella tiene razón. Está diciendo la verdad. Tú sugeriste este proyecto porque estabas frustrado con ella por no actuar. De hecho, buscaste algunos proyectos por tu cuenta, y este parecía simple.

Ahora tienes una opción. Podrías continuar con lo siguiente:

Strike 2: "Bueno, te dije que lo intentaras unas veces para asegurarte de que funcionara, pero elegiste esperar hasta el último minuto. La culpa es tuya".

Strike 3: "No te atrevas a hacerme responsable de tu proyecto de ciencias".

O podrías detenerte después de su primer *strike* y ser el adulto. Participar en el tango dándole los hechos a tu pequeña explosiva no te llevará a ningún lado. Solo provocará una pelea peor, y entonces serás tú quien se sienta mal.

En cambio, cuenta hasta diez antes de abrir la boca. Luego di en un tono directo: "Bueno, seguro que lo resolverás". Da media vuelta y sal de la habitación.

Deja que ella continúe su baile en solitario en el piso de la cocina. Lo que haga a continuación depende completamente de ella. Incluso si tiene un pequeño berrinche, pronto se dará cuenta de que nadie la va a rescatar. Puede que quieras avisar a los hermanos de no ayudar.

Si recibe una mala calificación en ese proyecto, deja que sea la maestra quien hable, no tú. Una dosis de responsabilidad y rendición de cuentas es justo lo que el médico ordenó.

Cuando abras la boca (después de todo, eres humano) y sepas un segundo después que has metido la pata, admítelo:

- "Lo siento".
- "No sabía de qué estaba hablando en esa situación, y me precipité demasiado".
- "Estuve realmente fuera de lugar con lo que te dije. No merecías eso".
- "¿Me podrías contar nuevamente lo que querías decirme? Esta vez me aseguraré de escucharte".

Cuando admites tus fracasos, modelas lecciones de vida fundamentales para tus hijos:

- Si metes la pata, admítelo.
- Di que lo sientes.
- Decide hacer lo correcto la próxima vez.
- Permite que la vida siga adelante.

5: APRENDE A ELUDIR DISCUSIONES.

Tu hijo de décimo grado quiere ir de excursión de dos días en la naturaleza con dos muchachos de su clase este verano. Sabes que odia caminar y los insectos, y probablemente no la pasará bien en una tienda de campaña ni siquiera por una noche.

Tu hija de sexto grado piensa que eres de la Edad de Piedra porque no le permites tener una cuenta en redes sociales. Ella dice que todos los demás niños tienen una.

Tu hija artística de segundo grado decide pintar su nueva mochila la noche antes de que comience la escuela, ya que quiere un nuevo estilo. El problema es que la pintura necesita tiempo para secarse y debe secarse de forma horizontal.

Tu hijo de cuatro años insiste en que quiere palitos de pescado para la cena porque los vio en un comercial de televisión. Sabes que no soporta nada que remotamente se parezca al pescado.

Cuando la fricción comienza a aumentar, utiliza estos tres métodos útiles:

EL DEFENSOR DE DISCUSIONES SORPRESA.

¿Quieres detener cualquier discusión antes de que comience? Di: "Puede que tengas razón" en respuesta a cualquier declaración o sorpresa que te lancen.

Esta técnica sorprendente funciona especialmente bien con un adolescente que está listo para pelear. Refutar la declaración de tu hijo los pone a ambos en una situación de enfrentamiento, pero reconocer su perspectiva abre la puerta para que explique más sobre lo que quiso decir. Puede ser exactamente lo que tú pensabas, nada de lo que pensabas, o mucho mejor o peor de lo que pensabas.

Cuando tus hijos estén ocupados preparando su próximo proyectil, tu declaración los dejará desarmados y los sorprenderá.

Pruébalo. Que empiece la diversión.

LA FRASE DE ESCAPE.

Esta es la técnica perfecta para ganar tiempo y pensar en tu respuesta. Di: "Esa es una idea interesante. Cuéntame más sobre eso".

Esto anima al niño a compartir contigo lo que realmente está pensando, si la idea es importante para él. Si es solo una declaración lanzada al aire para ver cómo reaccionas, eso también quedará claro. No tendrá hechos ni investigación para respaldar su declaración.

Después de escucharle, di: "Déjame pensarlo" o "Te contestaré después".

Los padres que usan este método evitan reaccionar a alrededor del 95 por ciento de las ideas disparatadas que sus hijos lanzan. ¿Por qué? Porque si esperan veinticuatro horas, los niños ya habrán cambiado de idea.

Si la idea persiste, entonces ve por la segunda ronda: "Entiendo que estás muy interesado en eso. Cuéntame más".

De nuevo, estás interactuando con tu hijo sin decir sí o no. Siempre puedes conceder en fantasía lo que no puedes en realidad al entretener sus ideas, investigaciones e imaginación. No significa que tengas que estar de acuerdo en hacer lo que él o ella quiere.

NO DIGAS NADA, NO HAGAS NADA.

Hay momentos en la vida de todo padre en los que no decir y no hacer nada es la mejor opción. Cuando estés a punto de explotar, da media vuelta y aléjate. Algunas palabras es mejor no decirlas, y algunas acciones es mejor dejarlas sin hacer. Habrá un momento y lugar mejores para dar tu punto de vista cuando tengas el control de tus emociones.

El enfoque Leman. ¿Cómo desviaría los argumentos en las cuatro situaciones mencionadas anteriormente?

Para el niño que quiere ser de tipo aventurero al aire libre, usaría *la frase de escape*: "Esa es una idea interesante. Cuéntame más sobre eso".

Él puede hablar filosóficamente sobre lo que él y sus amigos están discutiendo.

Tú entretienes las ideas y luego dices de manera casual: "Una vez fui de campamento. Recuerdo que estaba muy oscuro en la noche, y había muchos insectos. Aunque, claro, estoy seguro de que podrías adaptarte".

"¿Es tan oscuro? ¿Cuántos insectos hay?", dice tu sorprendido hijo, como si la idea de los bichos en la naturaleza fuera una revolución.

"Estoy seguro de que tú mismo has hecho toda la investigación. Si quieres compartir algo conmigo, soy todo oídos".

Si a ese muchacho realmente no le gustan la oscuridad, los insectos y el senderismo, comenzará a replantearse ese viaje. Si no, podrías sugerirle que lleve repelente de insectos.

Para la emprendedora en redes sociales, usaría el *desvío sorpresa de argumentos*: "Puede que tengas razón. Tal vez soy de la Edad de Piedra". Entonces te alejas.

Cuando te pregunte sobre eso más tarde, y lo hará, utilizas la frase de escape para averiguar por qué quiere una cuenta en redes sociales: "Cuéntame más sobre eso".

Ella te dirá que todos los demás la tienen y que es genial cuántos *likes* puedes obtener, etc.

Asientes. "Ya veo. Entonces... todos en la escuela obtienen muchos *likes*".

"Bueno, no, tienes que esforzarte para conseguir *likes,* y eso muestra cuán popular eres", te dice emocionada.

"Ah, entiendo", dices sin darle mucha importancia. "Entonces, si consigues *likes* eres popular. Si no consigues *likes* o no consigues tantos como otra persona, los niños murmuran de ti. Ah, ya entiendo".

Eso debería darle algo en qué pensar.

Para la artística de segundo grado *no diría nada, no haría nada.* Esa niña toma su propia decisión a la mañana siguiente. O lleva esa mochila pegajosa a la escuela, aunque parezca algo que el gato la arrastró, o se convierte en una experta en hacer malabares con lápices, crayones, papeles, pañuelos y todo lo que se necesita el primer día de escuela. O tal vez te sorprenda y se ponga creativa con una bolsa de plástico. Pero deja que la solución sea su idea y su decisión, no la tuya.

Para el niño crédulo que cree que toda la comida que aparece en los comerciales sabe bien, primero usaría la *frase de escape*: "Cuéntame por qué te interesan los palitos de pescado".

Después de su explicación, complácelo, pero no para la cena esa noche. Incluso los niños en edad preescolar deben aprender algo de paciencia. La próxima vez que vayas al supermercado, si todavía está pidiendo los palitos de pescado, compra un paquete pequeño. Hornea esos palitos de pescado y *no digas nada*. Sírvelos con un toque de entusiasmo, sin avisar diciendo: "No creo que te gusten".

Deja que la sorpresa en su rostro sea tu entretenimiento para la noche.

6: PIDE SUS COMENTARIOS.

Si has sido un papá o una mamá que siempre toma las decisiones o uno que hace todo por sus hijos, es hora de reinventar tu estilo de crianza y hacer algo completamente nuevo para ti: pedir la opinión de tu hijo. Sí, ya sé, eso suena a un pensamiento radical.

Pero, al fin y al cabo, estás leyendo este libro porque *algo* te motivó a hacerlo. Quieres criar un hijo exitoso en un mundo de "da igual". Y muchos de ustedes desean que algunas cosas cambien en su hogar.

Si deseas criar hijos exitosos, fomenta sus rasgos de carácter positivos. No hagas por ellos lo que deberían hacer por sí mismos. En lugar de decirles qué hacer, pregúntales qué piensan. En lugar de controlar, comprométete a escuchar. En lugar de hacer demandas, solicita sugerencias.

LA ENCUESTA [TU APELLIDO]

¿Has oído sobre la encuesta Gallup? A la gente le encanta compartir sus opiniones, y a tus hijos también. De hecho, no pueden resistirse. Entonces, ¿por qué no crear tu propia encuesta en casa? El refrigerador familiar es un excelente lugar para hacerlo, ya que todos tienen que comer en algún momento. O puedes iniciar una encuesta en un Google Drive compartido u otra cuenta de redes privadas.

Prueba con un título tentador como: "Lo que me gustaría que mamá y papá supieran", y en segundos, esos espacios en blanco serán llenados incluso por el adolescente más reservado.

- Realmente odio __________.
- Me enoja cuando __________.
- Es injusto cuando __________.
- Extraño __________.
- Lo que desearía que hiciéramos como familia es __________.
- Mi momento favorito del día es __________.
- El momento en que me siento más amado/a es __________.

Nota que esta encuesta va desde emociones negativas hacia emociones positivas, para que los agravios puedan ser expresados, pero los miembros de la familia terminen con recuerdos más felices.

Para abordar problemas específicos y obtener las opiniones incluso de los miembros más callados de la familia, podrías ofrecer opciones:

- La mejor manera de pasar una mañana de sábado es:

  ___ dormir hasta tarde

  ___ comer panqueques

  ___ tomar café con papá

  ___ leer libros con mamá

- El tipo de vacaciones que me gustaría tuviéramos:

  ___ jugar en el agua

  ___ hacer senderismo en las montañas

  ___ tostar malvaviscos en nuestro propio patio

- Lo que me hace sentir más amado:

  ___ pasar tiempo a solas con papá/mamá

  ___ invitar a mis amigos a casa

  ___ recibir un regalo

  ___ que alguien me diga que soy bueno en algo

ENTRENANDO A TU HIJO PARA QUE CREZCA

Para quienes disfrutan de los proverbios concisos o son personas de fe, Proverbios 22:6 dice: *Instruye al niño en su camino, y aun cuando fuere viejo no se apartará de él.*[4] Parece una directriz sencilla y, a la vez, una promesa, ¿cierto?

Sin embargo, considera esto. Los padres autoritarios tienden a usar ese versículo como un arma sobre sus hijos. Así es como piensan: "Hay un camino específico por el que *debes* ir, y yo sé cuál es el mejor. Después de todo, soy el padre. Si haces lo que digo, las cosas irán bien; pero, si me desafías, es mi responsabilidad asegurar que sigas el camino que yo digo que debes seguir".

En lugar de instruir a sus hijos para que crezcan, esperando lo mejor de ellos, los instruyen "hacia abajo" al esperar que se enfrenten a ellos, los amenazan con consecuencias *cuando* lo hacen, no *si* desobedecen, y no les dan ninguna oportunidad de crecimiento en sus propias elecciones.

Por otro lado, los padres permisivos se enfocan en la parte del versículo relacionada a "crecer". Así razonan: "Quiero que mis hijos tengan vidas felices, así que debo instruirlos para ser felices. Siempre debo alabarlos y evitar que se sientan mal. Si no son felices, eso significará que he fallado como padre y yo me sentiré mal".

Estos padres siempre están preocupados por la felicidad de sus hijos; sin embargo, ¿siempre estás feliz *tú*? Entonces, ¿por qué deberían estarlo ellos? Sentirse infeliz de vez en cuando es una buena lección de vida: no todo saldrá como uno quiere. Cuando esto suceda, necesitarán tenacidad, valentía y equilibrio para enfrentar esa adversidad. Al querer que tus hijos siempre estén "en crecimiento" (felices, siendo los mejores, nunca incómodos, navegando sin problemas por la vida), les robas la oportunidad de experimentar los altibajos normales en la seguridad de tu hogar.

El mejor seguro de vida que puedes adquirir para cada hijo es tu compromiso inquebrantable de ayudarlos a desarrollar una autoimagen saludable: una en la que ellos y los demás sean igualmente importantes, pero desempeñen funciones diferentes. Eso significa que no puedes ser un felpudo ni el mártir que vive solo para sus hijos. Necesitas ser un modelo a seguir que muestre cómo es una vida balanceada: dedicar tiempo a los demás y también a ti mismo.

Los padres con una autoridad sabia y sana encuentran suficiente para reflexionar en el versículo anterior para toda una vida. La palabra *instruir* implica intención y disciplina. No se trata de probar técnicas de crianza al azar hasta encontrar una que funcione temporalmente. Se trata de enseñar activamente y ser un modelo a seguir mientras caminas junto a tu hijo día a día. No es algo que se hace una sola vez. Es un proceso continuo desde el momento en que tu hijo llega a tu hogar hasta que extiende sus alas y deja el nido.

Instruyes para que tu hijo crezca alentándolo a desarrollar cualidades de carácter clave como valentía, perseverancia, honestidad y tenacidad que le servirán bien. Proporcionas mucha afirmación y tomas el volante cuando es necesario para mantener a tu hijo a salvo de las garras del mundo; pero no tomas el volante con demasiada fuerza. A medida que tu hijo crece, permites que coloque su mano sobre el volante *junto* a la tuya. Entonces, cuando esté listo para irse de casa, puedes soltar el volante y dejarlo manejar sin ti, sabiendo que lo preparaste lo mejor posible.

Fíjate en esa frase del versículo: "en su camino". No dice: "en el camino que tú *crees* que debe seguir". Cada niño de tu familia tendrá su propia inclinación. Los padres con una autoridad correcta entienden que sus hijos pueden no resultar como ellos, y probablemente será así, pero disfrutan el camino mientras descubren en qué se convertirá ese niño.

Cuando permites que tus hijos descubran y exploren sus propios talentos y los apoyas en esa misión, hay mucho menos fricción en tu hogar. Sí, todos seguirán teniendo diferentes personalidades y peculiaridades. Pero tú, como papá o mamá, ya no estarás participando en una actividad inútil y frustrante: intentar forzar a tu hijo, que es como una pieza cuadrada, a encajar en tu molde redondo.

Es una situación en la que ambos ganan.

ESTRATEGIA 8

QUE LA RELACIÓN SEA LO PRIMERO, SIEMPRE

No les importa lo que sabes hasta que saben que te importan.

Recientemente me encontré con un partido de béisbol infantil mientras daba un paseo. Como soy jugador de béisbol de antaño, pensé: *Oh, esto será divertido,* y me detuve a mirar.

Mientras estaba de pie junto a la jaula, una pelota fue bateada a ras del suelo hacia el jardín central. Para quienes no entienden de béisbol, esto puede convertirse en un *grand slam*. Es poco frecuente, pero puede suceder cuando las bases están llenas y ese golpe definitivo anota cuatro carreras, el máximo posible en una sola jugada.

Sin embargo, en este caso noté algo extraño. La pelota iba dirigida hacia el jardinero central, pero él estaba agachado sobre sus manos y rodillas.

Los padres de ese niño estaban justo detrás de mí, y comenzaron a gritar: "¡Michael! ¡Michael, agarra la pelota! ¡Está ahí mismo, Michael!".

Él seguía agachado mirando al suelo. Finalmente, levantó la cabeza y gritó: "¡Estoy buscando un trébol de cuatro hojas!".

Sus padres se miraron el uno al otro por un segundo.

Mamá se encogió de hombros. Papá observó las reacciones de los padres enojados a su lado. "¡Este no es el momento para buscar un trébol de cuatro hojas!", le gritó al niño. "¡Es el momento de jugar béisbol, así que hazlo ahora!".

Sin embargo, para ese niño no había nada más importante en ese momento que buscar un trébol de cuatro hojas.

Ese no fue el único problema en ese partido.

Pocos minutos después de ese incidente, tres niños corrieron hacia la línea lateral. Había más de tres jardineros. "Entrenador, ¿podemos sentarnos?", preguntaron.

"Ustedes saben las reglas", respondió el entrenador. "Miren en el árbol allá. Alinéense según el orden de bateo".

Niño 1: "No quiero batear. Quiero sentarme".

Niño 2: "No, *yo* quiero sentarme".

Niño 3: "No, *yo* me siento primero".

Pronto, los tres niños estaban cara a cara peleando para ver quién podía sentarse primero. Era el comienzo de la primera entrada. El juego acababa de comenzar. Sacudí la cabeza. ¿Por qué estos niños estaban siquiera jugando béisbol?

Pero ya conocía la respuesta: porque sus padres querían que lo hicieran. Subirse al tren rápido del éxito significaba inscribir a esos niños para jugar béisbol, aunque preferirían sentarse o buscar un trébol de cuatro hojas en la cancha.

LOS NIÑOS NECESITAN SER NIÑOS

Criar no es fácil, pero sí es simple. Requiere que tú seas el adulto para que tu hijo pueda ser el niño.

Sin embargo, muchos padres tienden a apresurar el proceso de crecimiento de los niños. Inscribimos a los bebés en academias de kínder cuando aún están en el vientre. Apresuramos a los pequeños al preescolar, a una academia de segundo idioma, al Instituto Técnico para Niños o a la Universidad de Pequeñines. Después de todo, estamos ansiosos por ayudar a nuestros hijos a tener un buen comienzo en la vida. Incluso organizamos ceremonias de graduación del preescolar para niños de cuatro años.

¿Por qué tanto alboroto? Porque tememos que nuestros hijos se pierdan el tren del éxito si no nos subimos a tiempo y los inscribimos en un montón de actividades; sin embargo, si solo somos conductores de camionetas que trasladan a nuestros hijos de la actividad A a la actividad B, estamos perdiendo la oportunidad de conectar con sus corazones.

¿Mi consejo? Permite que tus *hijos* elijan una actividad por semestre. Tú no inscribes a tu hija en lecciones de piano o a tu hijo en fútbol. Cada hijo hace una elección y es responsable de ella. Si tienes más de un hijo, una actividad por niño es más que suficiente para que puedas seguir el ritmo.

En nuestra familia, los Leman, teníamos cinco hijos. Sin esa regla de una actividad por semestre, habríamos sido barcos cruzándose en la noche.

Algunas familias, como los Linder, que no tienen dinero extra, eligen actividades aún más creativamente. Cada verano recolectan dinero a través de varias actividades familiares, incluyendo limpiar jardines ajenos y preparar comidas congeladas. Al inicio del nuevo año escolar, dividen el dinero entre sus dos hijos, quienes pueden elegir financiar una actividad para un semestre en la escuela o destinarlo a una compra especial.

La clave es esta: dices no a todas las actividades excepto a una por niño. Una vez que tu hijo hace su elección, ya está decidido. Si odia lo que eligió, lo hace ese semestre de todos modos. No importa si tiene siete o doce años; la próxima vez elegirá con más cuidado. Mientras tanto, aprende la dura lección de cumplir con la responsabilidad de algo que eligió pero no disfruta. Créeme, habrá muchas de esas situaciones más adelante en la vida. Cuanto antes lo aprenda, mejor será.

NUNCA SACRIFIQUES LO QUE ES MÁS IMPORTANTE: TIEMPO JUNTOS. NINGÚN APARATO O JUGUETE PUEDE COMPENSAR LA ATENCIÓN DE MAMÁ Y PAPÁ.

Otros beneficios incluyen menos tiempo para que vayas corriendo del punto A al punto B. Con menos estrés, tus nervios no saltan tan fácilmente. Tienes cenas familiares relajadas con conversaciones estimulantes. Los hermanos pueden pasar más tiempo juntos para limar sus asperezas y aprender a llevarse bien. Incluso podrías tener esas vacaciones familiares soñadas en lugar de gastar dinero en gasolina para la camioneta.

Muchos padres me dicen que se han sacrificado mucho para darles a sus hijos las mejores oportunidades en la vida. Sí, todos los padres hacen eso; sin embargo, nunca sacrifiques lo que es más importante: tiempo juntos. Ningún aparato o juguete puede compensar la atención de mamá y papá.

SI TE INTERESAS, ELLOS COOPERARÁN

Hay cosas acerca de tus hijos que pueden volverte loco, y cosas acerca de ti que pueden volverlos locos a ellos. No hay dos personas que se llevarán perfectamente bien las veinticuatro horas del día, los siete días de la semana, pero un padre sabio toma el camino elevado, actúa como el adulto en la situación y tiene en mente la relación en el largo plazo.

Un entrenador sabio que conozco, quien ha enviado a numerosos jugadores universitarios a la NFL, lo expresó de la mejor manera: "No les importa lo que sabes hasta que saben que te importan". O, dicho de otra forma: ningún niño en su sano juicio escuchará lo que dices hasta que sepa que estás de su lado.

El éxito no es una empresa solitaria. En la cultura actual del "todo sobre mí", quienes buscan oportunidades para animar a otros, caminar junto a ellos como mentores e invertir en sus vidas de múltiples maneras se destacarán del resto.

Tus hijos necesitan que no solo seas un padre, sino que también formes parte de su equipo de vida, compuesto por personas leales y confiables que no los abandonarán sin importar lo que pase. Estas personas les permiten crecer y cambiar, les dicen la verdad de manera directa cuando es necesario, y los animan genuinamente mientras inventan sus propios caminos.

Haz las cuatro cosas siguientes, y tu hijo no tendrá dudas de que estás de su lado:

1: ELIGE TUS PALABRAS CON SABIDURÍA.

Las palabras que decides usar y los tonos con los que las dices tienen todo que ver con cuán dispuesto está tu hijo a escucharte. Mostrar interés significa ponerte en los zapatos de tu hijo, comprender su perspectiva del mundo, y desarrollar una relación de corazón a corazón que conecte de manera única con él.

Tu relación con ese niño y los roles que él percibe que tiene en tu familia influyen mucho en su desempeño en todas las demás áreas, así que no te enfoques en lo irrelevante.

Mi hija artística, Lauren, ha tenido casi todos los colores de cabello que existen. Una vez, mientras buscaba estacionamiento para encontrarse conmigo, le bromeé: "Solo busca la sección de los de cabello azul". Con el tiempo, no importará que tenga el cabello azul. Para entonces, tendrá otro color o habrá vuelto a su tono natural. Lo que importa es que mantengamos una buena relación como padre e hija.

¿Cómo te comunicas con tus hijos? ¿Piensas antes de hablar cuando te lanzan sorpresas? ¿Guardas silencio cuando no sabes qué decir? ¿Conectas con ellos solo cuando es necesario para darles información o reprenderlos, o trabajas activamente en conectar con ellos y sus intereses de maneras memorables y tangibles?

Sobre todo, ahora que sabes lo que cada niño necesita y quiere más de ti, ¿cómo adaptarás tu enfoque para ajustarte específicamente a las necesidades de ese hijo?

2: PRACTICA EL ABC.

Uno de los comentarios más tristes que leí en un periódico era de un joven de diecisiete años. Cuando vio la prisión estatal en Florence, Arizona, y supo que iba a cruzar sus puertas para quedarse ahí un tiempo, dijo que era el lugar más hermoso del mundo.

SOLUCIONES DE 10 SEGUNDOS DEL DR. LEMAN

Pregunta: Estamos preocupados por nuestro hijo que está en la secundaria. Cambia su conducta de un día para otro, dependiendo de la última moda o de lo que sus amigos dicen o hacen. ¿Cómo podemos hacer que vuelva a ser el niño que solía ser, a quien le gustaba estar con nosotros?

Respuesta: Los niños son como camaleones, en especial a esa edad. Probarán muchos "colores de piel" diferentes, a veces queriendo sorprender y otras veces tratando de camuflarse para evitar ser devorados por los demás en la jungla escolar.

Afortunadamente, la mayoría de las etapas que te sacan de quicio no duran mucho. Mantén la mirada en el corazón de tu hijo, no en las últimas tendencias de cabello, moda, o incluso en la locura musical del momento.

Sin embargo, hay algo más que debes entender: tu hijo nunca volverá a ser quien era. Está creciendo. Ahora tiene amigos con quienes quiere pasar el tiempo, y eso es muy normal. Está ampliando su mundo más allá del círculo cerrado de tu familia, como debe ser. Es posible que ya no quiera que sus padres lo abracen o lo llamen "Stevie" delante de sus amigos, porque para un muchacho que está tratando de convertirse en hombre, eso es embarazoso. Podría querer que su papá, que maneja una camioneta destartalada, lo deje a cierta distancia de la escuela para evitar las burlas de sus compañeros.

Este es el momento para que conserves tu sentido del humor y no permitas que las cosas pequeñas te afecten. Ese niño todavía disfruta pasar tiempo contigo, pero ahora tendrás que esforzarte más para conectar.

No supongas que quiere hacer las mismas cosas que hacía cuando era pequeño. En lugar de acurrucarse contigo en el sofá para ver caricaturas un sábado en la mañana como solía hacer, ahora tal vez prefiera dormir un poco más y luego ver una película de acción en la tarde. Quizá quiera palomitas de maíz y café en lugar de los Cheetos y la soda de naranja que adoraba como premio cuando era más pequeño. Jugar a lanzar la pelota en el patio trasero podría transformarse en una reunión para comer alitas en un partido de fútbol local.

Ser adulto significa que tú debes ser quien se adapta. Después de todo, ese niño ya tiene suficientes cambios físicos para mantenerlo ocupado, por no mencionar la tarea acumulada y esa jungla de compañeros.

Me quedé asombrado. ¿Qué tipo de familia tenía ese muchacho para pensar que la prisión era mejor que su hogar? Ciertamente, no una familia amorosa y de apoyo. Su mamá había tratado de hacer lo mejor que podía, pero tenía problemas profundos. Su papá se había marchado cuando él era muy pequeño. Había tanta disfunción en su familia extendida, que a nadie le importaba mucho aquel muchacho. La escuela también lo había maltratado y abandonado.

En resumen, nadie aceptaba a ese muchacho. No tenía un lugar al cual pertenecer excepto una pandilla, que fue lo que lo metió en problemas. Nadie se enfrentó a él (como hizo aquella maestra conmigo en mi último año de secundaria) para decirle que era único, que tenía habilidades o que podía ser competente en algo.

Ese chico estaba completamente solo en un mundo difícil. No es de extrañar que pensara que la prisión, donde al menos tendría comida, un techo y algo de compañía, era un lugar mucho mejor que el hogar de donde provenía.

Todos los niños anhelan ser aceptados, saber que pertenecen a algún lugar, y que son considerados competentes. Si no encuentran esas cosas en tu hogar, las buscarán en otra parte, como lo hizo ese muchacho de diecisiete años.

A: ACEPTACIÓN

Muchos niños no se sienten aceptados porque son diferentes al resto de la familia. Tal vez todos en la familia sean atléticos, excepto ellos. Su único logro deportivo podría ser golpear el volante (o tal vez lo conozcas como pluma) una vez en un juego de bádminton en el patio trasero. Pero ser diferente no es bueno ni malo; simplemente es diferente. De hecho, si dos personas son exactamente iguales, entonces una de ellas es innecesaria.

Cuando tus hijos sienten que los aceptas, también sentirán que los amas y los cuidas, incluso cuando no están de acuerdo contigo en algo. Las pequeñas expresiones suponen una gran diferencia.

Recientemente entré en un comedor escolar y unos sesenta niños me rodearon de inmediato. Me aseguré de comentar algo positivo sobre cada niño, ya fuera un lazo bonito en su cabello o una sonrisa hermosa. Tomarme el tiempo de construir una relación con cada niño dice: "Te acepto tal como eres. Estoy feliz de que estés en este mundo. Lo haces mejor con tu presencia".

B: PERTENENCIA

Haz este experimento en casa si tienes hijos pequeños. Entra en la cocina y abraza a tu cónyuge. En menos de cinco segundos, tus hijos llegarán corriendo desde todas direcciones para meterse entre ustedes.

¿Por qué? Bueno, porque los niños son... ¿el enemigo?

No, en serio, lo hacen porque quieren ser parte de tu unión amorosa. Los niños quieren pertenecer, aunque no lo admitan cuando están en esa etapa hormonal.

Mi hija Krissy jugaba voleibol, y su primer partido fue fuera de la ciudad. La noche anterior, durante la cena, anunció: "No quiero que ninguno de ustedes venga al partido".

Como padre, con autoridad respondí: "Krissy, voy a estar ahí".

"Si vienes —me contestó mi hija de quince años— ni se te ocurra gritar".

Yo conocía muy bien a mi hija. Estaba emocionada y nerviosa por ese partido. Necesitaba apoyo de la familia, aunque dijera que quería enfrentarlo sola.

El partido estaba a más de noventa kilómetros de distancia. Reorganicé mi horario de trabajo y otras actividades para poder asistir. Cuando llegué, el partido acababa de empezar. Allí estaba Krissy Leman, en posición con las manos sobre sus rodillas.

A unos veinticinco metros de distancia vi que movía su mano izquierda. Fue un pequeño movimiento con los dedos hacia arriba y abajo, como diciendo: "Papá, sé que estás aquí".

En ese momento, me alegré de haber hecho todo lo posible por estar allí. Y cumplí mi promesa: no grité, aunque fue difícil para un papá orgulloso.

Que tus hijos sean exitosos en la vida tiene todo que ver con el ambiente familiar en casa. Como dice el refrán: "Si ves una tortuga en lo alto de un poste, no llegó allí sola". Tus hijos no pueden hacerlo solos. Te necesitan.

En nuestra familia también teníamos un dicho cuando los niños eran pequeños: "Soy un Leman". ¿Qué significaba eso exactamente? Mis hijos bromean diciendo que nunca lo supieron del todo, pero vivieron bajo esa premisa y lo han hecho desde entonces. Siempre que enfrentaban una situación difícil y me contaban después, decían: "Papá, recordé lo que siempre dices: 'Eres un Leman'".

Significaba que debido a que pertenecían a esta familia y tienen los rasgos de carácter de esta familia, harían lo que un Leman haría en esa situación. Si se requería amabilidad, serían amables. Si alguien necesitaba ayuda, serían generosos. Si alguien estaba siendo lastimado de alguna manera, intervendrían para ayudar.

Cuando desarrollas rasgos de carácter que todos en la familia practican, construyes un fundamento firme que no puede ser sacudido. Al final de este libro tendrás tu propia lista de valores solidificada. Podrás decirles a tus hijos: "Recuerda, eres un [tu apellido]", y tu hijo sabrá instintivamente a qué te refieres.

Sí, es posible que obtengas sonrisas burlonas, suspiros o esas inevitables cejas elevadas, pero no te dejes engañar. En secreto, tus hijos están muy contentos de ser parte de tu familia. Es su zona de confort y su red de seguridad desde la cual pueden explorar con confianza.

Los niños anhelan pertenecer. Si no pueden pertenecer a ti, buscarán un lugar donde sí puedan hacerlo. En un mundo de "me da igual", esa es una posibilidad verdaderamente aterradora.

C: COMPETENCIA

El año pasado fui a ver una obra de teatro en la Academia de Excelencia Leman y me sorprendió gratamente descubrir que el director de la obra era un emprendedor estudiante de séptimo grado. La hábil maestra que dirigió el musical *Annie* decidió hacer tres presentaciones diferentes, alternando a los personajes principales para que más de un estudiante pudiera interpretar el mismo papel. Aunque los adultos ayudaron a hacer el vestuario, todos los papeles principales de la obra (como el de director de escenario, iluminación y audio) fueron ocupados por estudiantes (a los que llamamos "académicos"). Eso sí es aprendizaje en acción.

Tus hijos necesitan saber que crees que son competentes para llevar a cabo sus tareas con éxito. No solo esperas que hagan lo mínimo para salir del paso; esperas que asuman sus roles con entusiasmo y los desempeñen con dedicación, como esos estudiantes en *Annie*.

Los niños cuyos padres esperan que sean competentes lo serán el 99 por ciento de las veces; sin embargo, la competencia comienza con responsabilidad y rendición de cuentas. Comienza con decisiones pequeñas, permite que las consecuencias se manifiesten libremente, y tu hijo aumentará en competencia.

Piensa en ello de esta manera. Si nunca has pintado una habitación antes, podrías sentirte un poco incómodo al intentarlo por primera vez; pero cuando hayas pintado una, habrás ganado en competencia. *Ya lo tengo. No fue tan difícil después de todo.* Comienzas a mirar el resto de la casa. *Creo que podría encargarme del resto, una habitación cada fin de semana hasta terminar.*

Así es como funciona tu confianza en la competencia de tu hijo.

LAS 10 MEJORES PRÁCTICAS PARENTALES

1. Cállate y escucha, a menos que te pidan consejo.
2. No hagas preguntas. Di: "Háblame más sobre eso".
3. Dedica tiempo, atención y afecto a tus hijos (solo no lo hagas delante de sus amigos).
4. Haz que el tiempo juntos cuente.
5. Muestra interés en sus intereses.
6. Concede en fantasía lo que no puedes en realidad.
7. Trata a cada uno de tus hijos de manera diferente.
8. Cuenta historias sobre cosas tontas que hiciste cuando eras joven.
9. No te obsesiones con cosas menores. La vida continuará, a pesar de cualquier evidencia en contra.
10. Mantén tu sentido del humor.

3: ANIMA, NO ELOGIES.

Hay mucha diferencia entre el ánimo y el elogio. El ánimo se enfoca en un evento o una tarea que se hizo bien. El elogio se enfoca en un individuo.

El ánimo dice: "Debe sentirse genial estudiar mucho y luego obtener un buen resultado". El elogio dice: "Eres muy inteligente. Eres el más listo de toda la clase. Sabía que sacarías una buena calificación".

El ánimo dice: "¡Qué hermoso dibujo de un caballo! Sé que has estado investigando en el internet cómo dibujarlos. Bien hecho por ir más allá para aprender eso". El elogio dice: "¡Vaya, mira! Junior dibujó un caballo. ¿No es el caballo más precioso y perfecto? ¡Eh, Frank! Ven a mirar. Es el mejor caballo de todos. Tendremos que mostrárselo a la abuela y a los vecinos".

¿Ves la diferencia?

Hay un abismo entre ambos, y tu hijo lo sabe. Sabe que no es el más inteligente de la clase ni que su dibujo es perfecto. También sabe que no es el mejor en todo. Hay otros niños que son mejores que él o ella.

No intentes engañar a tu hijo; recompensa sus esfuerzos a través del ánimo. Un niño que siente el éxito interno de saber que hizo algo bien siempre superará, en el largo plazo, al niño que fue falsamente elogiado y recompensado.

Las palabras más dulces para el corazón de un niño son: "Me importas. Creo en ti. Tengo confianza en ti". Declaraciones alentadoras como: "¡Vaya, lo resolviste por tu cuenta! Me encanta verte involucrarte en un proyecto y terminarlo con estilo. Eso tiene que sentirse genial por dentro" motivarán poderosamente a tu hijo a hacer más de lo mismo y a abordar proyectos todavía más grandes.

No olvides que el ánimo no solo tiene que expresarse verbalmente. Intenta algo a la antigua esta semana: el poder de una nota escrita a mano. A los niños de todas las edades les encanta recibir correos o mensajes sorpresa escondidos en sus almuerzos o mochilas.

Tales expresiones tienen un gran impacto para ganar el corazón y la cooperación de tu hijo.

4: RÍE TODOS LOS DÍAS.

La risa es un ingrediente esencial para un niño equilibrado. Es como regar una planta en crecimiento y añadirle rayos de sol al mismo tiempo. Reír *juntos* (nota: no reírse de alguien, lo cual es hiriente y crea barreras) une a las familias y resuelve disputas más rápido que cualquier otro método.

La familia que ríe junta permanece unida y quiere pasar tiempo junta ahora y en el futuro. Mi familia es prueba viviente. Con cinco hijos y cuatro nietos repartidos por todo Estados Unidos, todavía nos reunimos cada vez que podemos. Cuando lo hacemos, nuestras risas resuenan en las paredes. Hacemos lo posible por incluir a cualquiera a nuestro alrededor, ya sea un mesero en un restaurante o una persona mayor solitaria en un banco del parque al pasar. Incluso a través de mensajes de texto y llamadas telefónicas, no pasa un día sin que nos riamos juntos.

No importa cuán intenso sea un día, siempre puedes encontrar algo para reír. La risa realmente es la mejor medicina, así que relájate.

CONOCER A TU HIJO TAN BIEN COMO TU PROPIO OLOR

Puedes aprender mucho sobre la crianza viendo películas. Créeme, lo sé.

Toma la película clásica y loca *Tres amigos*. ¿La has visto? Si no, te lo estás perdiendo... aunque mi refinada esposa no estaría de acuerdo. Ella no entiende cómo puedo ver esa película cursi de los años ochenta una y otra vez y aún reírme; sin embargo, incluye una de mis frases favoritas: "Los conozco a cada uno como conozco mi propio olor".

Al criar a tus hijos para que sean adultos exitosos, ese debería ser tu objetivo: conocer a cada uno de tus hijos tan íntimamente como conoces tu propio olor.

Cuando mis hijos estaban creciendo, solía darles un dulce especial todos los viernes, pero cada dulce era diferente porque cada uno de mis hijos tenía un gusto distinto. Para mi hija Hannah, era un palo de crema.

Ahora, Hannah es mamá de gemelas: Ezra y Olive. Cuando ellas acababan de cumplir cuatro años, Hannah les compró palos de chocolate y les tomó fotos lindas con sus caras llenas de chocolate para enviarlas a la abuela y al abuelo. Les dijo a las niñas: "Cuando yo era pequeña, mi papá me traía un palo de crema todos los viernes en la mañana".

Ezra se levantó de su silla y gritó: "¡Amén!".

La tradición continúa. ¿Ves cuán importantes son las pequeñas cosas? Como yo conocía a Hannah como conozco mi propio olor, le llevaba un palo de crema. Ahora ella está pasando esa bendición chocolatera a sus propias hijas. Cada vez que lo hace, siente nuevamente el calor del amor de su papá gracias al recuerdo de ese dulce cuando era pequeña.

Cada uno de tus hijos es un original. No es una copia barata que compras en una tienda departamental, producida en una línea de ensamblaje. No es una reproducción. Los originales requieren tiempo, cuidado y paciencia.

Cada niño verá el mundo a través de la lente del orden de su nacimiento y sus propias experiencias, y responderá de modo diferente a las mismas tácticas parentales. Por eso, lo peor que puedes hacer es tratar a tus hijos de la misma manera. Si lo haces, criarás hijos resentidos que no pueden esperar a salir de tu casa lo antes posible.

Cuando conoces a tu hijo tan bien como conoces tu propio olor, y respondes a las situaciones teniendo en cuenta todo lo que sabes sobre ese niño en particular, no reaccionarás y te arrepentirás después. No cometerás tantos errores. Y cuando lo hagas, serás un adulto y serás el primero en decir: "Lo siento. Me equivoqué. Por favor, perdóname".

No le empujarás a crecer rápido, porque sabes que eso sucede demasiado deprisa de todos modos. Esa bebé con la que caminaste por la casa toda la noche para que se durmiera ahora está caminando por el pasillo para su graduación de secundaria.

Ganarás su cooperación a través de ser un modelo a seguir y el cuidado. Practicarás el ABC para asegurarte de que tu hija sepa que es aceptada por ti, que pertenece a tu familia, y que crees que es competente. La animarás, pero no la elogiarás falsamente. Y cada día reirán juntos.

Eso, padres, es la receta para el éxito en la vida, y ya tienes todos los ingredientes en tu bolsillo.

SOLUCIONES DE 10 SEGUNDOS DEL DR. LEMAN

Pregunta: Mi hijo de quince años solo parece interesarse por sí mismo. ¿Cómo puedo enseñarle que los demás también son importantes, como su hermana y la anciana vecina que necesita ayuda con la compra o con el correo?

Respuesta: Todas esas cosas que haces por él, como prepararle bocadillos, limpiar lo que ensucia y lavar sus calzoncillo, deja de hacerlas. Ahora mismo. La falta de comida fácil de acceder y ropa aromática son buenos motivadores para el cambio. Finalmente, tendrá que preguntar: "¿Qué pasa? ¿Por qué dejaste de lavar mi ropa? ¿Qué te pasa?".

Te encoges de hombros. "No me pasa nada, pero a ti sí te pasa algo. No parece que te importe nadie más que tú mismo. No dices gracias por las cosas que hago por ti. Pasas al lado de la Sra. Eldridge cuando va arrastrando su carrito de compras por el camino. Como eliges no ayudar a los demás, yo elijo no ayudarte".

Luego, te das la vuelta y te alejas de tu hijo adolescente muy confundido y boquiabierto, quien tendrá mucho en qué pensar.

Que comiencen los juegos.

ADOPTA LA PERSPECTIVA DE LARGO PLAZO

Mi querida esposa, Sande, adora enviarme a la tienda. Creo que es uno de sus muchos llamados en la vida.

Cada vez que me lo pide, voy como un esposo diligente. Incluso me divierto con ello. Una vez, cuando estaba en una larga fila de pago y la gente parecía aburrida, dije en voz alta: "Les voy a contar cuánto me quiere mi esposa. Me mandó aquí, a Costco, el día antes de Acción de Gracias". Toda la fila de clientes gruñones se animó y comenzó a reír.

Pero, en serio, a mi esposa le encanta enviarme en misiones. Algunas de ellas deberían llamarse "misión imposible". Recientemente me envió a una gran tienda de artículos para el hogar a comprar Miracle-Gro para alimentar flores de exterior.

El hombre experimentado en el mostrador de ayuda se rascó la barbilla. "Bueno, puedes revisar por ese pasillo", señaló, "pero no creo que tengamos estimulante para raíces ahora. Eso es para la temporada de plantación, en primavera".

Era principios de noviembre.

¿Por qué mi amada esposa (a quien cariñosamente llamo Mrs. Uppington por sus maneras precisas y de hija mayor) me envió allí en ese momento? Ella sabía perfectamente que cualquier flor que plantara en ese momento moriría. Vivimos en Arizona, junto a un lecho de río donde hace un frío extremo en la noche. Sin embargo, aun así, estaba plantando las flores.

¿Yo? Soy demasiado torpe para recordar de una temporada a otra que plantar en noviembre no funciona. Simplemente sigo lo que mi esposa me dice que haga; por lo tanto, cumpliendo con mi deber fui a tres tiendas: Ace Hardware, Walmart y Lowe's. Todas me dieron la misma mala noticia: no había Miracle-Gro.

De camino a la casa, me di cuenta de cuán familiar era ese estribillo y lo loco que yo era por caer en él. Luego me reí para mis adentros.

Al menos había logrado convencer a Mrs. Uppington hacía un tiempo atrás de que no podía plantar árboles cítricos en nuestro patio delantero, así que ya tenía ventaja en ese terreno. Especialmente porque los árboles cítricos no son baratos. Ahora tenía que comenzar a trabajar en el concepto de que "las flores mueren en otoño".

Sin embargo, su tenacidad era admirable. Tenía un plan en mente. Quería que el jardín y la casa se vieran hermosos con flores cuando todos nuestros hijos llegaran para el Día de Acción de Gracias y Navidad. Esa es una de las muchas razones por las que amo y respeto a esa mujer. Pese a todo, hacer las cosas hermosas para los momentos familiares, ya sea con flores al aire libre, un centro de mesa festivo o menús especiales, es parte de su actitud ganadora ante la vida.

Con ese plan en mente, ¿realmente es un gran problema para mí hacer un esfuerzo extra y barrer los escalones y el porche para hacerla feliz? ¿O simplemente sonreír ante su entusiasmo en lugar de quejarme por gastar un poco de dinero en flores?

¿Alguna vez has visto un jardín realmente hermoso? Las personas con manos verdes, como Sande, asombran a las personas con manos negras como yo. Además de disfrutar de estar rodeado de hermosas flores, también he aprendido algunas cosas.

Una flor observada, vigilada y sobrealimentada, y que florece tarde, nunca florecerá con demasiada agua o siendo ahogada. Simplemente se volverá marchita y perderá la capacidad de mantenerse firme bajo condiciones difíciles. Una planta que no se riega con cariño, a la que no se le da una dosis de Miracle-Gro de vez en cuando, y que simplemente se somete a la luz solar y el calor más duros, se marchitará y morirá.

Las plantas y flores se parecen mucho a los niños. Necesitan riego y alimentación constantes para prosperar. La persona que más necesita darles eso eres tú, el jardinero principal en sus vidas.

Cuando amas y respetas a tus hijos, seguirás sus gestos peculiares que pueden parecer tontos o fuera de lugar, pero que significan mucho para ellos.

Soñarás junto con ellos. "¿Quieres ser la primera persona en vivir en Marte? Bueno, me pregunto cómo sería eso, ¿no? ¿Qué piensas?". Quién sabe, podrías estar criando a un futuro científico planetario en tu hogar.

Concederás en fantasía lo que no puedes en la realidad. Tu hijo quiere una iguana y vives en Alaska. ¿Por qué no hacer un juego de rol con un animal de peluche y tu imaginación? Tal vez más adelante, la investigación en el internet que hizo tu curioso hijo sobre los animales lo lleve a convertirse en veterinario o zoólogo.

Pasarás tiempo explorando los intereses de tus hijos, ya sea apilando tazas de colores, creando una granja de hormigas, o explorando música independiente en el internet.

Y tal vez incluso podrías ayudar a plantar algunas flores en el exterior a fines de otoño, solo porque son lindas e importantes para la persona que amas.

CONCLUSIÓN

DEJAR UN LEGADO QUE TRASCIENDA

Por qué tu legado de éxito sigue dando frutos.

Todos tenemos momentos como padres en los que nos damos cuenta de que hicimos algo bueno en el camino, a pesar de los errores que hayamos cometido. Aquí te comparto un recuerdo de uno de mis momentos.

Paso mucho tiempo en aviones, viajando para hablar con grupos de personas en Estados Unidos y Canadá. Cuando mi hija Krissy estaba en la universidad en Chicago, intentaba sincronizar mis escalas allí para poder verla por unos minutos.

En uno de esos viajes, pasé por su escuela. Como conocía su horario, me dirigí al salón de clase de anatomía y me quedé afuera de la puerta.

La puerta se abrió al final de la clase. Los alumnos comenzaron a salir en masa y me miraron: un tipo bajo, gordito y medio calvo (es decir, yo), claramente diferente a cualquiera de ellos.

Krissy salió riendo, rodeada de un chico y dos chicas de la universidad. Estaban inmersos en una conversación divertida.

Aun así, yo era su padre. Claro que me vería.

Pero pasó directamente de largo.

No lo podía creer. Mi panza hinchada, producto de demasiado pastel, no es pequeña, y algunos estudiantes tuvieron que hacer acrobacias para pasar por el pasillo estrecho junto a mí.

Fue entonces cuando decidí hacer lo que a los ojos de un joven adulto sería imperdonable. Grité frente a sus compañeros: "¿Cómo estás, Leemie?".

Krissy se detuvo en seco. Se volteó, me vio, y comenzó a saltar de alegría. "¡Mi papá está aquí! ¡Mi papá está aquí! Hey, todos... ¡mi papá está justo aquí!", casi gritó antes de correr hacia mí y darme un gran abrazo.

Para entonces, algunas lágrimas estaban cayendo por la cara de este papá. En medio de tanta emoción, sentí que me desarmaba

Pero ¿sabes qué? No podía esperar para llamar a mi amada esposa y contarle esa escena de la vida.

Esa hija es la misma que me dijo que no fuera a su primer partido de voleibol; sin embargo, cuando manejé casi noventa kilómetros y fui de todos modos, ella me hizo ese pequeño gesto con el dedo en la cancha. Estaba feliz de que su papá hubiera ido.

Años después, estaba encantada de que su papá hubiera hecho todo lo posible por entrar nuevamente en su mundo.

Todo el amor y el tiempo que emplees en criar a tus hijos compensa con escenas como esa, ¿no es cierto? No es fácil ser papá o mamá en estos tiempos. Con la escuela, las actividades y el internet, desconocidos tienen un efecto profundo en cómo son criados los niños; sin embargo, cuando *tú* inviertes en tus hijos, obtendrás el mayor beneficio de la historia: sus corazones. Y tu inversión no termina con tus hijos. Sus cónyuges, tus nietos y tus bisnietos también estarán agradecidos por tu legado.

Cualquier transformación en tu hogar comienza contigo.

Comienza con el final en mente. Identifica las cualidades que deseas que tus hijos tengan y ve tras ellas.

Espera lo mejor de su carácter y haz ajustes de conducta en el camino.

> CUANDO *TÚ* INVIERTES EN TUS HIJOS, OBTENDRÁS EL MAYOR BENEFICIO DE LA HISTORIA: SUS CORAZONES.

Muestra respeto y una actitud ganadora, y motivarás a tus hijos a volar hasta la luna.

Sé el héroe que tus hijos quieren ver y en el que quieren convertirse.

Usa disciplina de realidad combinada con la magia de las tres C: comunicación, compasión y compromiso.

No dejes que nada te distraiga de tu objetivo final.

Recuerda que, cuando minimizas la fricción, optimizas las soluciones y logras que tus hijos te escuchen.

Sobre todo, mantén la relación como lo más importante. Nada importa más para tus hijos que saber que te importan y que estás de su lado.

Hoy es un día perfecto para hacer un pequeño ajuste en tu estilo de crianza o para hacer una reestructuración completa y un nuevo comienzo. Puedes hacerlo. Yo creo en ti. Pero, como dijo el exsecretario de estado Colin Powell: "Un sueño no se convierte en realidad por magia; requiere sudor, determinación, y trabajo duro".

Sin embargo, cuando le pongas todo tu esfuerzo a la crianza y sigas los principios y consejos de este libro, no solo el trabajo valdrá la pena, sino que mirarás atrás y dirás: "Eso es lo mejor que hice alguna vez".

SECCIÓN ADICIONAL

ESPECIALMENTE PARA PADRES DE FAMILIAS MEZCLADAS

Tres grandes errores a evitar para tener una mezcla armoniosa y no un caos.

Si eres un padrastro o el padre adoptivo de un niño mayor y estás leyendo este libro, tienes una oportunidad sin precedentes de influir en la vida de tu hijo y en su camino hacia el éxito.

A continuación, se presentan los tres principales errores que puedes evitar fácilmente una vez que seas consciente de ellos.

ERROR 1: INTENTAR SER UN "PADRE AL INSTANTE".

Formar una nueva familia no significa que te conviertas en un "padre al instante", por más que podrías desear que sea así. Tus hijos han tenido otros padres, tutores o, en algunos casos, ni siquiera han tenido padres. Debes ganarte su confianza, su respeto y el honor de que te llamen "mamá" o "papá". Una etiqueta tan preciosa no vendrá automáticamente.

Todos hemos sido marcados por experiencias previas, y los recuerdos de la niñez son complicados. El fundamento de una familia mezclada a menudo está cimentado con el mortero de ira, amargura, dolor y celos debido a relaciones rotas, promesas incumplidas, abandono o muerte.

Por ejemplo, tu hijastra de ocho años recuerda los globos de su última fiesta de cumpleaños con su mamá, el miedo cuando sus padres discutían hasta avanzada la noche, el alivio cuando se hacía una tregua, y luego la amargura cuando su familia se rompió por el divorcio.

Tu hijo de quince años tiene recuerdos vívidos de tratar de protegerte de un exabusivo y de lo que sufrió por hacerlo.

Tu hija adoptiva de cinco años recuerda el momento de profunda traición y pérdida cuando fue abandonada por su progenitor, pero puede que no tenga el vocabulario para expresarlo. Se siente nerviosa si sales del cuarto.

Tu hijastro de nueve años recuerda la última vez que su papá jugó al balón con él en el jardín... y murió minutos después de un infarto cuando solo tenía treinta y ocho años.

Esos recuerdos no desaparecen de inmediato al cambiar de hogar y unirse a una nueva familia. Además, casi todo ha cambiado en las vidas de esos niños. Están viviendo con personas diferentes, en un lugar diferente, bajo normas diferentes. Si tienen más años, puede que hayan perdido el contacto con amigos o hayan cambiado de escuela. Eso supone muchas pérdidas para que cualquier niño las maneje.

Tú eres el adulto. Tú eres quien se ajusta. No te fijes en que tu hijo aprieta el tubo de pasta de dientes por el medio o deja cabello en el lavabo del baño. O que uno de tus hijos necesite mucho más tiempo en soledad mientras que a otro le encanta vocalizar en el garaje cuando está frustrado.

En lugar de tratar de convertirte en una figura de autoridad al instante, trabaja en conocer suavemente a ese niño.

- ¿Qué le gusta comer? ¿Qué hace en su tiempo libre?
- ¿Qué lo hace sentirse amado?
- ¿Cuándo se siente más estresado? Y cuando eso sucede, ¿qué es útil que hagas o no hagas?
- ¿Cómo se siente ella al cumplir dieciséis sin su mamá biológica a su lado?
- ¿Cuáles son sus momentos favoritos y menos favoritos del día? ¿Y por qué?

Lo importante es que no le hagas preguntas a tu hijo ni intentes extraer información. No eres la CIA ni el FBI. En cambio, si ella está revisando la cocina, di simplemente: "Supongo que tienes hambre. Yo también tengo hambre. Si alguna vez quieres que te haga algo, o si quieres cocinar juntos, me encantaría hacerlo. Solo avísame".

Si tu hijo adolescente parece gruñón todos los días después de la escuela, no comentes sobre eso. Más tarde, después de que haya comido tres enormes tazones de cereal como merienda, puedes decir: "Noté que pareces un poco cansado después de la escuela. Tengo que decirte que no es de extrañar. Creo que estás lidiando con todos los cambios por aquí de manera admirable. Cuando yo tenía trece años, también estaba muy gruñón después de la escuela. Una vez, yo...", y cuentas una historia sobre tus propios años de crecimiento.

Así es como comienzas a establecer nuevas conexiones. A nadie le gusta que lo obliguen a una relación.

Una nota muy importante: si estás combinando familias, siempre que haya preguntas sobre un niño específico o inconsistencias en los estilos de crianza y los valores, *siempre* remite al progenitor original de ese niño. Eso hará que tú y tu cónyuge vayan en la misma dirección, en el mismo barco, en lugar de remar en direcciones opuestas.

De lo contrario, tus hijos fácilmente detectarán cualquier división y la usarán para manipularte y enfrentarte a tu pareja. Al combinar a tus hijos en un solo hogar, tendrás que trabajar mucho para mantenerte en la misma página como padres.

Si mamá y papá no están felices, esos niños ciertamente no lo estarán.

ERROR 2: SUPONER QUE TODOS SE LLEVARÁN BIEN E INSISTIR EN QUE COMPARTAN ESPACIOS PRIVADOS.

Coloca a dos muchachas de once y trece años y de dos familias en el mismo cuarto para que "se unan como hermanas", y tendrás dos arsenales de armas que podrían explotar en tu propia sala de estar.

Los niños que han tenido alteraciones en sus vidas necesitan espacio emocional y físico para ajustarse. Se tarda siete años el mezclar una familia. Y tu objetivo es *mezclar*, no *triturar*. Por eso, siempre que sea posible, dale a cada niño un cuarto propio, incluso si ese niño está en tu casa solo los fines de semana o en vacaciones.

Si eso significa levantar una pared temporal o una cortina del piso al techo en un cuarto pequeño, hazlo. Serán tiempo y esfuerzo bien empleados. Permite que cada niño haga de su espacio algo único, aunque eso signifique que termines con paredes color rosa fucsia y morado intenso en el mismo cuarto. Eso dice: "Sé que muchas cosas han cambiado en tu vida, pero aún eres una prioridad para mí y una persona importante en esta familia".

En una familia mezclada, los individuos se enfrentarán de vez en cuando, pero todos deben tratarse con respeto al abordar los problemas. Haz tu mejor esfuerzo por ser paciente, cariñoso y no competitivo. Mezclar familias es complicado, y requiere que muestres tu mejor conducta y que tengas una perspectiva de largo plazo. Las relaciones se basan en el respeto mutuo y necesitan tiempo y experiencias compartidas para crecer.

SE TARDA SIETE AÑOS EL MEZCLAR UNA FAMILIA. Y TU OBJETIVO ES *MEZCLAR*, NO *TRITURAR*.

ERROR 3: EXCEDERSE PARA GANAR SU AFECTO Y ACEPTACIÓN.

Es tentador colmar de regalos a los nuevos miembros de tu familia, pero considera esto: los *regalos* no igualan ni superan la *presencia*. Los niños que están atravesando cambios necesitan con desesperación personas en sus vidas que les amen. No necesitan más cosas. La mayoría de nosotros, de hecho, estamos de cosas hasta las orejas. ¿Por qué otro motivo prosperan las ventas de garaje y las tiendas de segunda mano?

LOS 10 MANDAMIENTOS DE UN PADRASTRO O UNA MADRASTRA

1. Trata a cada uno de tus hijos diferente, de acuerdo con sus características, intereses y habilidades únicas.
2. Muestra interés por lo que a ellos les interesa: la escuela o el trabajo, las amistades, las actividades, sus creencias y valores fundamentales, y lo más importante, sus ideas y pensamientos.
3. Vive una vida ejemplar. No les digas cómo vivir; muéstrales cómo hacerlo.
4. Sé cortés y no competitivo con el ex de tu pareja.
5. Pasa tiempo a solas con cada niño, haciendo algo que no hagas con ninguno de los demás.

6. Habla su idioma, ya sea a través de mensajes de texto durante el almuerzo, abrazos después de la escuela, correo tradicional (a los niños les encanta recibir cartas dirigidas a ellos) o actividades sorpresa. Las pequeñas cosas cuentan mucho.
7. Dales algo de "dinero para soñar", pero que sea poco. No te inmiscuyas en cómo lo gastan. Si un niño gasta el suyo en goma de mascar y su hermano lo gasta en una tarjeta regalo de iTunes para música, deja que sean sus decisiones.
8. Mantén las pautas y los límites del padre o madre biológico mientras se están integrando las familias y se crean nuevas normas en las que todos estén de acuerdo.
9. Sorprende a tus hijos haciendo el bien y dales mucho ánimo.
10. Busca maneras creativas de transmitir tus valores y creencias y de crear momentos divertidos.

Considera esto. Los intereses de los niños cambian rápidamente. A medida que progresan de acuerdo con su edad, también cambia el tipo de juguetes que les atraen. Seis meses en la vida de un niño pequeño marcan la diferencia entre los crayones grandes y gruesos, y los más delgados que vienen en una caja. No puedes seguir el ritmo si intentas comprar su afecto.

¿Por qué no sustituir las cosas por tiempo con tus hijos? Haz una actividad que creará recuerdos. Nunca te equivocas si colmas a los niños de amor, tiempo y atención balanceados con la disciplina de la realidad.

Y hay otra cosa a considerar. Si has adoptado a un niño y tienes hijos mayores, y colmas de juguetes al nuevo miembro de tu familia, es probable que hagas que sus hermanos se sientan celosos. No comiences algo que no puedas continuar con todos tus hijos, o el resentimiento aparecerá más adelante.

NUNCA TE EQUIVOCAS SI COLMAS A LOS NIÑOS DE AMOR, TIEMPO Y ATENCIÓN BALANCEADOS CON LA DISCIPLINA DE LA REALIDAD.

"Bueno, tú la llevaste *a ella* a Disney World cada año, pero yo solo fui una vez, ya que estaba en la preparatoria cuando ella se unió a nuestra familia. ¿A eso lo llamas justo?".

No necesitas que olas de tsunami invadan tu hogar, así que mantén las cosas simples.

Mucha presencia, pero ligero con los regalos.

LAS 8 PRINCIPALES ESTRATEGIAS GANADORAS DE LOS PADRES

1. Comienza con el final en mente.
2. Espera lo mejor, consigue lo mejor.
3. Da y recibirás.
4. Modela una vida disciplinada.
5. Disciplina, no castigues.
6. No te des por vencido.
7. Minimiza la fricción, optimiza las soluciones
8. Que la relación sea lo primero, siempre.

NOTAS

ESTRATEGIA 1: COMIENZA CON EL FIN EN MENTE

1. 1 Corintios 13:4-8.

2. Stephen R. Covey, *Los 7 hábitos de la gente altamente efectiva* (Glencoe, IL: Free Press, 1989), p. 109.

ESTRATEGIA 2: ESPERA LO MEJOR, CONSIGUE LO MEJOR

1. Oprah Winfrey, "Michelle Obama Gets Candid with Oprah about Her New Memoir *Becoming*", *O, The Oprah Magazine*, 12 de noviembre de 2018, https://www.oprahmag.com/entertainment/a24691478/oprah-michelle-obama-becoming-interview/. Para saber más de la historia de Michelle Obama, lee su libro *Becoming* (Nueva York: Crown, 2018).

2. Winfrey, "Michelle Obama Gets Candid".

3. Winfrey, "Michelle Obama Gets Candid".

4. Winfrey, "Michelle Obama Gets Candid".

5. Winfrey, "Michelle Obama Gets Candid".

6. Colleen Curry, "Thank You, Michelle Obama: The First Lady's Incredible Legacy", *Global Citizen*, enero de 2017, https://www.globalcitizen.org/en/content/thank-you-michelle-obama-the-first-ladys-incredibl/.

7. Megan Sims, "Michelle Obama Gets Real about Life after the White House". *The Grio*, 15 de febrero de 2020, https://thegrio.com/2020/02/15/michelle-obama-gets-real-about-life-after-the-white-house/.

8. Sims, "Michelle Obama Gets Real".

9. *Evan Almighty*, dirigida por Tom Shadyac (Universal City, CA: Universal Pictures, 2007), DVD.

10. Ralph Waldo Emerson, *Letters and Social Aims* (Boston: James R. Osgood and Company, 1875), p. 80.

11. John Wooden, citado en Craig Impelman, "Be More Concerned with Your Character Than Your Reputation", TheWoodenEffect.com, 17 de julio de 2019, https://www.thewoodeneffect.com/be-more-concerned-with-your-character-than-your-reputation/.

ESTRATEGIA 3: DA Y RECIBIRÁS

1. "Zig Ziglar Quotes", BrainyQuote.com, consultado en línea el 1 de abril de 2020, https:// www.brainyquote.com/quotes/zig_ziglar_132266.

ESTRATEGIA 4: MODELA UNA VIDA DISCIPLINADA

1. Kate Taylor, "What Happened to the Students Caught Up in the College Admissions Scandal?", *New York Times*, 25 de febrero de 2020, https://www.nytimes.com/2020/02/25/us/college-admissions-scandal-students.html.

ESTRATEGIA 5: DISCIPLINA, NO CASTIGUES

1. Anne Ortlund, *Children Are Wet Cement* (Grand Rapids: Revell, 1981).

ESTRATEGIA 6: NO TE DES POR VENCIDO

1. William A. Ward, "William A. Ward Quotes", Goodreads, consultado en línea 23 de septiembre de 2020, https://www.goodreads.com/author/quotes/6207468.William _A_Ward.

ESTRATEGIA 7: MINIMIZA LA FRICCIÓN, OPTIMIZA LAS SOLUCIONES

1. "William Henry Harrison", History.com, 21 de agosto de 2018, https://www.history.com/topics/us-presidents/william-henry-harrison#:~:text=Harrison %E2%80%99s%20Brief %20Presidency%20William%20Henry%20Harrison %20 %281773-1841%29%2C%20America%E2%80%99s,1841%2C%20is%20 the%20 shortest%20of %20any%20U.S.%20president.

2. Kevin Leman, *The Birth Order Book: Why You Are the Way You Are* (Grand Rapids: Revell, 2009).

3. Leman, *Birth Order Book.*

4. RVR-60.

ESTRATEGIA 8: QUE LA RELACIÓN SEA LO PRIMERO, SIEMPRE

1. *The Three Amigos*, dirigida por John Landis (Los Ángeles, CA: Orion Pictures, 1986), DVD.

CONCLUSIÓN: DEJAR UN LEGADO QUE TRASCIENDA

1. "Colin Powell Quotes", BrainyQuote.com, consultado en línea el 1 de abril de 2020, https:// www.brainyquote.com/quotes/colin_powell_385927.

ACERCA DEL DR. KEVIN LEMAN

El **Dr. Kevin Leman**, psicólogo de renombre internacional, personalidad de radio y televisión, conferencista, educador y humorista, ha enseñado y entretenido a audiencias de todo el mundo con su ingenio y psicología de sentido común.

Premiado autor de éxitos de ventas del *New York Times* de más de 50 títulos, entre los que se incluyen *The Birth Order Book, Cría hijos sensatos sin perder la cabeza, Tengan un nuevo adolescente para el viernes* y *Música entre las sábanas*; ha hecho miles de intervenciones a través de programas de radio y televisión, como *FOX & Friends, Hallmark Channel's Home & Family, The View, FOX's The Morning Show, Today, The 700 Club, CBS's The Early Show, CNN* y *Focus on the Family*. El Dr. Leman ha sido psicólogo familiar colaborador en *Good Morning America* y habla frecuentemente en grupos de escuelas, de CEO y empresas, incluidas compañías de la lista Fortune 500, así como YPO, Million Dollar Round Table y Top of the Table.

Las afiliaciones profesionales del Dr. Leman incluyen la *American Psychological Association, SAG-AFTRA* y la *North American Society of Adlerian Psychology*. Recibió el galardón *Distinguished Alumnus Award* (1993) y un doctorado honoris causa en Letras Humanas (2010) de la Universidad North Park; además de su licenciatura en psicología, su maestría y su doctorado, así como el *Alumni Achievement Award* (2003) de la Universidad de Arizona. El Dr. Leman es el fundador de *Leman Academy of Excellence* (www.lemanacademy.com).

Originario de Williamsville, Nueva York, el Dr. Leman y su esposa, Sande, viven en Tucson, Arizona, y tienen cinco hijos y cuatro nietos.

Si buscas un conferencista entretenido para tu evento o recolección de fondos, o para obtener información sobre consultas de negocios, seminarios web o el crucero anual "Wit and Wisdom" (Ingenio y sabiduría), por favor contacta a:

Dr. Kevin Leman
PO Box 35370
Tucson, Arizona 85740
www.birthorderguy.com
www.drleman.com

Sigue al Dr. Kevin Leman en Facebook (facebook.com/DrKevinLeman) y en Twitter (@DrKevinLeman). También puedes escuchar sus *podcasts* gratuitos en birthorderguy.com/category/podcast.